BANGKOK

DU MÊME AUTEUR

American Express
Éditions de l'Olivier, 1995
Petite Bibliothèque de l'Olivier, 1997

Un sport et un passe-temps
Éditions de l'Olivier, 1996
Petite Bibliothèque de l'Olivier, 1997

Un bonheur parfait
Éditions de l'Olivier, 1997
Petite Bibliothèque de l'Olivier, 1999

Tout ce qui n'est pas écrit disparaît
édition hors commerce
Petite Bibliothèque de l'Olivier, 1998

Une vie à brûler
Éditions de l'Olivier, 1999
Petite Bibliothèque de l'Olivier, 2001

Cassada
Éditions de l'Olivier, 2001
Petite Bibliothèque de l'Olivier, 2003

L'Homme des hautes solitudes
Éditions des Deux Terres, 2003
Petite Bibliothèque de l'Olivier, 2004

PETITE BIBLIOTHÈQUE DE L'OLIVIER

James Salter

BANGKOK

TRADUIT DE L'ANGLAIS (ÉTATS-UNIS)
PAR ANNE RABINOVITCH

Éditions des Deux Terres

ISBN 2-87929-432-0

« La comète » a été publié par *Esquire Magazine* en 1993.
« Toi, mon Seigneur » a été publié par *Esquire Magazine* en 1994.
« Dernière nuit » a été publié par *The New Yorker* en 2002.

ISBN 1re publication : 2-84893-001-2

BANGKOK

BANGKOK

Quand Carol entra, Hollis se trouvait dans le fond, assis à une table, en train d'écrire au milieu des piles de livres.

– Salut, dit-elle.

– Eh bien, en voilà une surprise, dit-il froidement. Bonjour.

Toujours élégante, elle portait un pull en jersey gris et une jupe étroite.

– Tu as eu mon message ? demanda-t-elle.

– Oui.

– Tu ne m'as pas rappelée.

– Non.

– Tu n'en avais pas l'intention ?

– Bien sûr que non, répondit-il.

Il paraissait plus imposant que la dernière fois, et ses cheveux mi-longs avaient besoin d'une coupe.

– Je suis allée à ton appartement, mais tu étais parti. J'ai parlé à Pam. C'est son nom, n'est-ce pas ? Pam.

– Oui.

– Nous avons parlé. Pas très longtemps. Elle ne semblait pas disposée à bavarder. Elle est timide ?

– Non, elle n'est pas timide.

– Je lui ai posé une question. Tu veux savoir laquelle ?

– Pas particulièrement, répondit-il.

Il se renversa en arrière. Sa veste était suspendue au dos de sa chaise, ses manches retroussées à moitié. Elle remarqua le cadran rond et le bracelet en cuir marron de sa montre.

– Je lui ai demandé si tu aimais toujours te faire sucer.

– Fous le camp d'ici ! ordonna-t-il.

– Elle n'a pas répondu, précisa Carol.

Il eut un moment de terreur, presque de culpabilité, en songeant aux conséquences. D'un autre côté, il ne la croyait pas.

– Alors, tu aimes toujours ça ? dit-elle.

– Va-t'en, veux-tu ? S'il te plaît, la pria-t-il, d'un ton civilisé.

Il fit le geste de la chasser.

– Je suis sérieux.

– Je ne reste pas longtemps, juste quelques minutes. Je voulais te voir, c'est tout. Pourquoi n'as-tu pas rappelé ?

Elle était grande, avec un long nez gracieux de pur-sang. L'apparence des gens ne correspond pas au souvenir qu'on en garde. Une fois, elle sortait d'un restaurant, elle avait descendu quelques marches, longtemps après le déjeuner, sa robe de soie moulait ses hanches, le vent plaquait le tissu contre ses cuisses. Un instant, il revit leurs après-midi.

Elle s'assit dans le fauteuil en cuir en face de lui, et un vague sourire se dessina sur ses lèvres.

– L'endroit est charmant.

Il en avait tous les ingrédients, deux pièces en rez-de-jardin, avec un peu d'herbe, et, de l'autre côté, l'arrière de maisons discrètes, bien qu'il n'y eût qu'une fenêtre et que les lattes fussent usées. Il vendait des beaux livres et des manuscrits, surtout des lettres, et possédait un inventaire trop important pour un marchand de son gabarit. Après dix ans dans la vente de vêtements au détail, il avait trouvé sa voie. Les pièces avaient de hauts plafonds, la bibliothèque était pleine, et quelques photographies encadrées étaient posées sur le sol, contre les rayonnages.

– Chris, reprit-elle, dis-moi quelque chose. Où est passée cette photo de nous que quelqu'un avait prise au déjeuner organisé par Diane Wald chez sa mère, ce jour-là ? en haut de cette fausse colline faite avec un monceau de vieilles voitures ? Tu l'as encore ?

– Elle a dû se perdre.

– J'aimerais vraiment l'avoir. C'était un merveilleux portrait. Nous étions si heureux, dit-elle. Tu te rappelles notre hangar à bateaux ?

– Oui.

– Je me demande si tu t'en souviens comme je m'en souviens.

– C'est difficile à dire.

Il avait une voix basse, persuasive. Il y perçait de l'assurance, peut-être un peu trop.

– La table de billard, tu t'en souviens ? Et le lit près des fenêtres ?

Il ne répondit pas. Elle prit un des livres sur la table, et le feuilleta, E.E. Cummings, *L'Énorme Chambrée*, une jaquette avec quelques écornures en bas, la page de titre un peu défraîchie, en très bon état par ailleurs. Première édition. Le prix était indiqué au crayon en haut de la page de garde, dans l'angle. Elle tourna distraitement les pages.

– Il y a cette partie que tu aimes tant. C'est quoi, déjà ?

– Jean-le-Nègre.

– C'est ça.

– Toujours incomparable, observa-t-il.

– Ça me rappelle Alan Baron, je ne sais pas pourquoi. Tu es toujours en contact avec lui ? A-t-il jamais publié quelque chose ? Il me chantait toujours les louanges du yoga tantrique, il disait que je devais essayer. Il voulait me donner une leçon.

– Et alors, il l'a fait ?

– Tu rigoles.

Elle tournait les pages de ses longs pouces.

– Tout ce qu'ils savent, poursuivit-elle, c'est vous parler de yoga, ou de leurs grosses bites. Mais pas toi. À propos, comment va Pam ? Je n'ai pas pu m'en faire une idée. Elle est heureuse ?

– Très heureuse.

– C'est super. Et vous avez une petite fille maintenant. Quel âge a-t-elle déjà ?

– Elle s'appelle Chloe. Elle a six ans.

– Oh, elle est grande. Ils en savent très long à cet âge-là, non ? Ils savent, mais pas vraiment.

Elle referma le livre et le posa.

– Leurs corps sont si purs. Chloe a un joli corps ?

– Tu en crèverais de jalousie, répondit-il d'un ton léger.

– Un petit corps parfait. Je l'imagine très bien. Tu lui donnes son bain ? Je parie que oui. Tu es un père modèle, le père que toutes les petites filles devraient avoir. Je me demande comment tu vas réagir quand elle sera plus grande. Quand les garçons commenceront à lui tourner autour.

– Il n'y en aura pas beaucoup.

– Oh, je t'en prie ! Bien sûr que si. Ils se presseront à la porte, tout tremblants. Tu le sais bien. Elle aura des seins, et cette toison pubienne, si douce, si légère.

– Carol, tu es vraiment répugnante.

– Tu n'aimes pas y penser, c'est tout. Mais elle va devenir une femme, tu sais, une jeune femme. Tu te souviens de ce que tu éprouvais pour les filles à cet âge-là ? Eh bien, tout ne s'est pas arrêté avec toi. Ça continue, et elle en fera partie, avec son petit cul si parfait et le reste. À propos, et le cul de Pam, il est comment ?

– Et le tien ?

– Tu ne le vois pas ?

– Je n'y ai pas prêté attention.

– Tu baises encore ? demanda-t-elle d'un ton indifférent.

– Ça m'arrive.

– Pas moi. Rarement.

– J'ai peine à te croire.

– Ça ne s'arrange pas, c'est ça le problème. Ce n'est jamais ce que ce devrait être, ni ce que c'était autrefois. Quel âge as-tu à présent ? On dirait que tu as un peu grossi. Tu fais de l'exercice ? Tu vas au hammam et tu te regardes ?

– Je n'ai pas le temps.

– Eh bien, si tu l'*avais* ? Si tu étais plus libre, tu pourrais prendre des bains de vapeur, te doucher, enfiler des vêtements propres et, voyons, il ne serait pas trop tôt pour aller boire un verre à l'Odean, et voir s'il y a des filles là-bas. Tu pourrais prier le barman de leur servir quelque chose, ou bien leur adresser toi-même la parole, leur demander si elles sont prises pour le dîner, si elles ont des projets. Simple comme bonjour. Tu as toujours apprécié les belles dents. Et les bras minces, et, comment dire, les seins volumineux, pas forcément énormes – d'une taille conséquente, sans plus. Et les longues jambes. Tu aimes toujours leur attacher les mains ? Ça te plaisait, c'est toujours excitant de découvrir si elles te le permettent ou non. Dis-moi, Chris, tu m'as aimée ?

Aimée ? Il s'appuyait contre le dossier de sa chaise. Pour la première fois, elle eut l'impression qu'il forçait un peu sur l'alcool ces temps-ci. C'était juste l'aspect de son visage.

– Je pensais à toi chaque minute de la journée, répondit-il. J'aimais tout en toi. Ce qui me plaisait, c'était que tu étais absolument neuve et que tout ce que tu disais ou faisais l'était. Tu étais incomparable. Avec toi j'avais l'impression de posséder tout ce dont on pouvait rêver dans la vie, tout. Je t'adorais.

– Comme aucune autre femme ?

– Aucune ne s'en est seulement approchée... J'aurais pu me repaître de toi à l'infini. Tu étais la promise.

– Et Pam ? Tu ne t'es pas repu d'elle ?

– Un peu. Pam, c'est différent.

– En quoi ?

– Pam ne me dépouille pas de mon amour pour l'offrir à quelqu'un d'autre. Je ne rentre pas de voyage à l'improviste pour trouver un lit défait où tu es en train de prendre du bon temps avec un type.

– Ce n'était pas si bien que ça.

– Dommage.

– C'était loin d'être aussi bien.

– Alors pourquoi l'as-tu fait ?

– Je ne sais pas. J'ai eu la stupide impulsion d'essayer autre chose. Je ne savais pas que le vrai bonheur, c'est d'avoir la même chose tous les jours.

Elle regarda ses mains. Il remarqua à nouveau ses longs pouces flexibles.

– N'en est-il pas ainsi ? demanda-t-elle d'une voix neutre.

– Ne sois pas désagréable. De toute manière, que connais-tu du vrai bonheur ?

– Oh, je l'ai vécu.

– Vraiment ?

– Oui, dit-elle. Avec toi.

Il la regarda. Elle détourna les yeux, elle ne souriait pas.

– Je vais à Bangkok, dit-elle. Enfin, d'abord à Hongkong. Tu es déjà descendu à l'hôtel Peninsula ?

– Je ne suis jamais allé à Hongkong.

– On raconte que c'est le plus grand hôtel partout dans le monde, à Berlin, Paris, Tokyo.

– Comment veux-tu que je le sache ?

– Tu as fréquenté les hôtels. Souviens-toi de Venise, et de cette petite auberge près du théâtre. Dans la rue, tu avais de l'eau jusqu'au genou...

– Carol, j'ai beaucoup de travail.

– Allons donc...

– J'ai un commerce.

– Alors combien coûte cet E.E. Cummings ? demanda-t-elle. Je l'achète, et tu prends quelques minutes de repos.

– Il est déjà vendu, répliqua-t-il.

– Il y a encore le prix dessus.

Il haussa légèrement les épaules.

– Réponds-moi à propos de Venise, insista-t-elle.

– Je me souviens de l'hôtel. Maintenant on se dit au revoir.

– Je vais à Bangkok avec une amie.

Il sentit son cœur défaillir imperceptiblement.

– Bien, dit-il.

– Molly. Elle te plairait.

– Molly.

– Nous voyageons ensemble. Tu sais que papa est mort.

– Je l'ignorais.

– Oui, il y a un an. Il est mort. Alors mes soucis sont terminés. C'est un soulagement.

– Je suppose. J'aimais bien ton père.

C'était un homme sociable, avec certains préjugés dont il ne se cachait pas, qui travaillait dans une société pétrolière. Il portait des costumes coûteux et avait divorcé deux fois, mais parvenait à éviter la solitude.

– Nous allons passer deux mois à Bangkok. Et peut-être revenir par l'Europe, dit Carol. Molly a beaucoup de classe. Elle était danseuse. Que faisait Pam ? Elle n'était pas professeur, ou quelque chose dans ce genre ? Eh bien, tu l'aimes, et tu adorerais Molly. Tu ne la connais pas, mais elle te plairait énormément.

Elle s'interrompit.

– Pourquoi ne viendrais-tu pas avec nous ? proposa-t-elle.

Hollis sourit légèrement.

– Pour la partager, c'est ça ?

– Ce ne serait pas nécessaire.

Elle cherchait à le tourmenter. Il le savait.

– Quitter ma famille et mon travail, comme ça ?

– Gauguin l'a fait.

– Je suis un peu plus responsable. Peut-être que toi, tu en serais capable.

– Si tu devais choisir, insista-t-elle, entre la vie et…

– Quoi ?

– La vie et une sorte d'existence d'emprunt. Ne fais pas semblant de ne pas saisir. Personne n'est mieux placé que toi pour le comprendre.

Il éprouva un ressentiment superflu. La chasse était finie, se dit-il. Et bien finie. Il l'entendit continuer.

– Voyager. L'Orient. L'atmosphère d'un monde différent. Les bains, l'alcool, la lecture…

– Toi et moi.

– Et Molly. Sur un plateau.

– Euh, je ne sais pas. De quoi a-t-elle l'air ?

– Elle est superbe, qu'est-ce que tu crois ? Je la déshabillerai pour toi.

– Je vais te raconter une histoire curieuse que j'ai entendue, dit Hollis. Il paraît que tout ce qu'il y a dans le cosmos, les planètes, les galaxies et le reste – l'univers entier –, est venu à l'origine d'un corpuscule de la taille d'un grain de riz, qui a explosé et formé ce qui nous entoure aujourd'hui, le soleil, les étoiles, la terre, les mers, tout ce qui existe, y compris les sentiments que j'éprouvais pour toi. Ce matin dans Hudson Street, assis là – bavardant au soleil, les pieds en l'air, amoureux, comblé, et conscient de l'être –, j'ai su que j'avais tout ce que la vie pouvait m'offrir.

– Vraiment, c'est ce que tu as ressenti ?

– Certainement. N'importe qui aurait éprouvé la même chose. Je me souviens de tout cela, mais l'émotion a disparu. Elle appartient au passé.

– C'est triste.

– J'ai quelque chose de plus précieux aujourd'hui. Une épouse que j'aime et un enfant.

– « Une épouse que j'aime ». Quel cliché, tu ne trouves pas ?

– C'est la stricte vérité.

– Et tu te réjouis à la pensée des années de vie commune qui t'attendent, de l'extase à venir.

– « Extase » n'est pas le mot juste.

– Tu as raison.

– On ne peut pas connaître l'extase tous les jours.

– Non, mais on peut éprouver quelque chose d'aussi bon, dit-elle. On peut vivre l'attente de l'extase.

– Parfait. Libre à toi de le faire. Avec Molly.

– Je penserai à toi à Bangkok, Chris, dans notre maison sur le fleuve.

– Oh, ne prends pas cette peine.

– Je t'imaginerai couché dans ton lit la nuit, t'ennuyant à mourir dans ta vie.

– Arrête, bon Dieu. Ça suffit. Laisse-moi avoir un tout petit peu d'amitié pour toi.

– Je ne veux pas de ton amitié. Chuchotant presque, elle ajouta : Je veux que tu me maudisses.

– Tu es dans la bonne voie.

– C'est si charmant, dit-elle. La petite famille, les jolis livres. Très bien, alors. Tu as raté ta chance. Au revoir. Rentre chez toi, et donne un bain à ta fille. Du moins, tant que tu le peux encore.

Elle le regarda une dernière fois depuis le seuil. Il

entendit claquer ses talons dans l'autre pièce. Il les écouta passer devant les vitrines, en direction de la sortie, ils parurent hésiter, puis la porte se referma. Les murs dansaient, il ne parvenait pas à contrôler sa pensée. Comme une lame de fond, le passé l'avait submergé, non sous sa forme vécue, mais tel qu'il s'était inscrit dans sa chair. Le mieux était de se remettre au travail. Il connaissait la douceur infinie de sa peau. Il n'aurait pas dû l'écouter.

Tapotant les touches souples, silencieuses, il se mit à écrire : *Jack Kerouac, lettre tapée à la machine signée (« Jack »), une page, adressée à son amie la poétesse Lois Sorrells, avec un simple interligne, signée au crayon, une légère marque au niveau de la pliure.* Ce n'était pas une vie d'emprunt.

ARLINGTON

Arlington

Newell avait épousé une fille tchèque, et ils ne s'entendaient plus. Ils buvaient et se querellaient. Cela se passait à Kaiserslautern, et des familles s'étaient plaintes dans l'immeuble. Westerveldt, qui était adjudant-major, fut envoyé pour mettre un peu d'ordre – Newell était un ancien camarade de classe, bien qu'il ne fût pas le genre d'élève à rester dans les mémoires. Il était silencieux et réservé. Il avait une étrange allure, avec un haut front bombé et des yeux pâles. Jana, l'épouse, avait une bouche lippue et de jolis seins. Westerveldt ne la connaissait pas vraiment. Seulement de vue.

Quand il passa chez lui, Newell était assis dans le séjour. Il ne parut pas surpris par sa visite.

– Je voulais un peu bavarder avec toi, dit Westerveldt.

Un léger hochement de tête lui répondit.

– Ta femme est là ?

– Je crois qu'elle est dans la cuisine.

– Ça ne me regarde pas vraiment, mais vous avez des problèmes, tous les deux ?

Newell parut méditer la question.

– Rien de sérieux, admit-il enfin.

Dans la cuisine, l'épouse tchèque avait retiré ses chaussures et se vernissait les ongles de pied. Elle leva brièvement les yeux quand Westerveldt entra. Il vit la bouche exotique, européenne.

– Je peux vous parler une minute ?

– De quoi ? répliqua-t-elle.

Il y avait des restes de nourriture sur la table, et de la vaisselle sale.

– Si vous veniez plutôt dans le séjour ?

Elle se taisait.

– Juste deux minutes.

L'ignorant, elle examina attentivement ses pieds. Westerveldt avait grandi avec trois sœurs, et se sentait à l'aise parmi les femmes. Il lui toucha le coude pour l'amadouer, mais elle se dégagea.

– Vous êtes qui ? demanda-t-elle.

Il retourna dans le séjour et parla à Newell comme à un frère. Si ce genre d'esclandre se reproduisait, sa carrière serait compromise.

Newell voulait se confier à lui. Cependant il restait

silencieux, incapable de commencer. Il était désespérément amoureux de cette femme. Quand elle s'habillait avec élégance, elle était superbe. Lorsqu'on les voyait assis au Wienerstube – son large front blanc luisant à la lumière, et Jana qui fumait en face de lui –, on se demandait comment il avait pu la séduire. Elle était insolente, mais pas toujours. Poser la main sur ses reins nus, c'était posséder tout ce dont on avait toujours rêvé.

– Qu'est-ce qui la perturbe ? voulut savoir Westerveldt.

– Elle a eu une vie effroyable, répondit Newell. Tout va s'arranger.

De quoi avaient-ils encore parlé ? Westerveldt ne s'en souvenait plus. Ce qui s'était passé ensuite avait tout effacé.

Newell s'était absenté pour une mission temporaire, et sa femme, qui n'avait pas d'amis, s'ennuyait. Elle alla au cinéma, puis erra dans la ville. Elle se rendit au cercle des officiers et s'installa au bar pour boire un verre. Le samedi, elle était là, les épaules dénudées, buvant encore à l'heure de la fermeture. L'officier en charge, le capitaine Amos, s'en aperçut et lui demanda si elle avait besoin d'être raccompagnée. Il lui dit d'attendre quelques minutes pendant qu'il finissait son travail.

Tôt le matin, dans la lumière grise, la voiture d'Amos

était encore garée devant le baraquement. Jana la voyait, et tout le monde pouvait la remarquer. Elle se pencha sur lui, le secoua et lui dit qu'il devait partir.

– Quelle heure est-il ?

– Je m'en fous. Va-t'en.

Ensuite elle se rendit à la police militaire et rapporta qu'elle avait été violée.

Au cours de sa longue carrière, si admirée, Westerveldt avait été une sorte de personnage de roman. Souvenir des combats dans l'herbe à éléphant, aux environs de Pleiku, une large cicatrice lui balafrait un sourcil, là où l'avait touché un fragment de mortier qui, un centimètre plus bas, et tiré d'un peu plus près, aurait pu le rendre aveugle, ou le tuer. Cela lui donnait encore plus de caractère. À Naples, où il avait été stationné, il avait eu une liaison avec une femme – une marquise. S'il démissionnait et l'épousait, elle lui achèterait tout ce qu'il voulait. Il pourrait même avoir une maîtresse. Ce n'était qu'un épisode. Il avait toujours eu du succès auprès des dames. Finalement, il épousa une femme de San Antonio, une divorcée avec un enfant, et ils en eurent deux autres ensemble. À cinquante-huit ans, il mourut d'un genre de leucémie qui avait commencé par une éruption bizarre dans le cou.

Il y avait beaucoup de monde dans la chapelle du funérarium, une pièce ordinaire avec une tapisserie rouge et des bancs. Quelqu'un prononçait une oraison funèbre, mais dans le couloir, où se tenaient beaucoup de gens, on distinguait à peine ses paroles.

– Vous comprenez ce qu'il dit ?

– Personne n'entend rien, dit l'homme qui se trouvait devant Newell.

Il reconnut Bresse, qui avait maintenant les cheveux tout blancs.

– Tu vas au cimetière ? lui demanda-t-il quand le service fut terminé.

Ils traversèrent Alexandria, la voiture pleine.

– Voici l'église où allait George Washington quand il était président, indiqua Bresse.

Un peu plus tard, il dit :

– Voici la maison d'enfance de Robert E. Lee.

Bresse et sa femme vivaient à Alexandria, dans une maison en bardeaux blancs avec un porche étroit et des volets noirs.

– Qui a dit : « Traversons le fleuve et allons nous reposer à l'ombre des arbres » ? leur demanda Newell.

Personne ne répondit. Il sentit que c'était par dédain pour lui. Ils détournaient les yeux, regardant par la fenêtre.

– Personne ne le sait ? dit Bresse. Le plus brillant tacticien de Lee.

– Abattu par ses propres hommes, ajouta Newell, d'une voix presque inaudible.

– Par erreur.

– À Chancelorsville, au crépuscule.

– Ce n'est pas loin d'ici, quarante kilomètres environ, observa Bresse.

Il avait été premier en histoire militaire. Il jeta un coup d'œil dans le rétroviseur.

– Comment diable le sais-tu ? Tu avais quel rang en histoire ?

Newell ne répondit pas.

Plus personne ne parla.

Une longue file de voitures avançait au pas et pénétrait dans le cimetière. Les gens qui s'étaient déjà garés les dépassaient à pied. Les pierres tombales n'en finissaient plus, c'était un spectacle inimaginable.

Bresse tendit un bras et, l'agitant légèrement dans une direction, prononça une phrase que Newell n'entendit pas.

– Thill se trouve quelque part dans cette section, avait-il dit, en référence à un titulaire de la médaille d'honneur du Congrès.

Ils marchèrent avec beaucoup d'autres jusqu'au bout du chemin, attirés par une musique imperceptible qui semblait monter de l'antique fleuve, le fleuve ultime où les attendait le batelier. La fanfare, en uniforme bleu marine, s'était déployée dans une petite vallée. Elle jouait *Wagon Wheels* et *Carry Me Home*… La tombe était à côté, la terre fraîche recouverte d'une bâche verte.

Newell marchait comme dans un rêve. Il connaissait les hommes qui l'entouraient, mais pas vraiment. Il s'arrêta devant la pierre tombale du père et de la mère de Westerveldt, morts à trente ans d'écart, enterrés côte à côte.

Il crut reconnaître certains visages au cours de la cérémonie, qui dura longtemps. On remit un épais drapeau replié à celle qui devait être sa veuve, et à ses enfants. Ils défilèrent devant le cercueil, des fleurs jaunes aux longues tiges à la main – la famille, et les autres aussi. Sur une impulsion, Newell les suivit.

On tira des salves. Un clairon solitaire se mit à jouer la sonnerie aux morts, le son pur et cristallin flottant sur les collines. Les généraux et les colonels à la retraite écoutaient, immobiles, la main sur le cœur. Ils avaient servi partout, mais aucun d'entre eux n'avait, comme Newell, purgé une peine de prison. La plainte pour viol avait été rejetée après une enquête et, avec l'aide de Westerveldt, il avait été transféré afin de recommencer à zéro. Puis les parents de Jana avaient eu besoin d'aide, en Tchécoslovaquie, et Newell, encore premier lieutenant à cette époque, avait finalement réussi à trouver la somme à leur envoyer. La gratitude de Jana fut sincère. « Mon

Dieu ! Je t'aime tant ! » s'écria-t-elle. Nue, elle se mit à califourchon sur lui, et, caressant ses propres fesses, alors qu'il manquait s'évanouir, elle se mit à le chevaucher. Une nuit qu'il n'oublierait jamais. Plus tard, il fut accusé d'avoir vendu des radios volées dans les réserves. Il resta silencieux devant la cour martiale. Il aurait donné n'importe quoi pour ne pas être obligé de se tenir là en uniforme, c'était comme une couronne d'épines. Avec ses galons en argent et la chevalière portant son numéro de promotion, il avait tout sacrifié pour la posséder. Sur les trois lettres qui appelaient le tribunal à la clémence et témoignaient en sa faveur, l'une avait été écrite par Westerveldt.

Bien que la peine d'emprisonnement ne dépassât pas un an, Jana ne l'attendit pas. Elle partit avec un homme du nom de Rodriguez qui possédait des salons de beauté. Elle était encore jeune, dit-elle.

La femme que Newell épousa ensuite ignorait tout, ou presque, de son passé. Elle était plus âgée que lui, avait deux enfants, les pieds malades, et ne pouvait couvrir que de petites distances, de la voiture au supermarché. Elle savait qu'il avait passé du temps dans l'armée – il y avait quelques photographies de lui en uniforme, prises des années auparavant.

Après, Newell n'avait pas suivi les autres. Il n'avait aucune raison de le faire. Ici, à Arlington, reposaient tous ces hommes, alignés pour l'éternité. Il entendait presque les notes lointaines de l'appel de l'adjudant-major. Il marcha dans la direction de la route par où ils étaient venus. L'écho des sabots lui parvint, d'abord étouffé, puis sonore, cadencé, il vit s'approcher un équipage de six chevaux noirs avec trois cavaliers assis, très raides, et le caisson qui avait contenu le cercueil, les larges roues à rayons bringuebalant sur la route. Les hommes à calot noir ne lui jetèrent pas un regard. À perte de vue, les alignements des stèles de hauteur uniforme suivaient la courbe des collines, en rangs serrés, ininterrompus, et descendaient vers la rivière, avec ici et là un monument gris plus volumineux, tel un officier à cheval. Ainsi massées dans la lumière déclinante, elles paraissaient attendre, lourdes de menace, prêtes à donner l'assaut décisif. Une bouffée d'exaltation l'envahit alors, à la pensée de tous ces morts, de l'histoire de la nation, de son peuple. Il n'était pas facile d'entrer à Arlington. Lui-même n'y reposerait jamais. Il y avait renoncé depuis longtemps. Il ne revivrait plus sa vie avec Jana. Il se souvint d'elle à cette époque, si mince et si jeune. Il avait été loyal envers elle. Une loyauté à sens unique, mais c'était suffisant.

Quand, à la fin, ils s'étaient tous figés, la main sur le cœur, Newell, resté à l'écart, seul, avait résolument fait le salut militaire, fidèle, comme l'imbécile qu'il avait toujours été.

LA COMÈTE

La comète

Un jour de juin, Philip épousa Adele DeLereo. Le temps était nuageux et le vent soufflait. Plus tard, le soleil apparut. Il y avait longtemps qu'elle ne s'était mariée, et elle était en blanc : des chaussures blanches à talons plats, une longue jupe blanche qui moulait ses hanches, un chemisier vaporeux avec un soutien-gorge blanc dessous, et autour de son cou un rang de perles. La cérémonie eut lieu chez elle, dans la maison qui lui était échue lors du divorce. Tous ses amis se trouvaient là. Elle croyait fortement à l'amitié. La pièce était pleine à craquer.

– Moi, Adele, prononça-t-elle d'une voix claire, je me donne à toi, Phil, absolument comme ton épouse…

Derrière elle se tenait son jeune fils, en garçon d'honneur dissipé, et on apercevait un petit disque d'argent épinglé à sa culotte : une médaille de saint Christophe que son père avait portée à la guerre et qu'elle avait plusieurs fois montrée aux gens en baissant la ceinture de sa jupe. Près de la porte, l'air convaincu de participer à une visite de jardins, une vieille femme tenait un petit chien par la poignée d'une canne qu'elle avait glissée dans son collier.

À la réception, Adele, rayonnante de bonheur, avait ri et trop bu, griffant ses bras nus de ses ongles effilés de danseuse de music-hall. Son nouveau mari l'admirait. Il aurait pu lui lécher les mains comme un veau friand de sel. Elle était encore assez jeune pour être séduisante, dans l'ultime flamboiement de sa beauté, bien qu'elle eût passé l'âge d'avoir des enfants, du moins si elle avait son mot à dire sur le sujet. L'été approchait. Elle apparaîtrait dans la brume de l'après-midi, vêtue de son maillot noir, le corps bruni, le soleil rutilant derrière elle. La démarche souple, la chevelure mouillée après le bain, sa silhouette puissante remonterait de la mer, foulant le sable lisse, pleine d'une grâce légère, indolente.

Ils s'installèrent ensemble, surtout dans sa vie à elle. Parmi ses meubles et ses livres, bien qu'elle les eût rarement lus. Elle aimait raconter des histoires sur DeLereo, son premier mari – il s'appelait Frank –, l'héritier d'un empire de transport d'ordures. Elle le surnommait Delerium, mais ses récits n'étaient pas dénués d'affection. La loyauté – inculquée dans l'enfance et au cours de ses années de mariage, huit années épuisantes, disait-elle –, la loyauté était sa règle. Les termes de cette union avaient été simples, reconnaissait-elle. Elle était tenue de s'habiller, de préparer le dîner et de se faire sauter une fois par jour. Un jour en Floride, ils avaient affrété un bateau avec un autre couple, pour aller pêcher le tarpon au large de Bimini. « On fera un bon dîner, avait annoncé gaiement DeLereo, on montera à bord et on se couchera. Quand on se réveillera, on aura dépassé le Gulf Stream. » Cela commença comme prévu, mais le dénouement fut un peu différent. La mer était très agitée. Ils ne franchirent jamais le Gulf Stream – le capitaine venait de Long Island et se perdit. DeLereo lui donna cinquante dollars pour virer de bord et redescendre. « Vous vous y connaissez en navigation ? demanda l'homme. – Mieux que vous », répliqua DeLereo. Adele, qui était couchée dans leur cabine, mortellement pâle, lui avait posé un ultimatum : « Ramène-nous à terre, sinon tu coucheras seul. »

Philip Ardet entendit souvent cette histoire, et beaucoup d'autres aussi. Il était courtois et élégant, et lorsqu'il vous parlait, il inclinait légèrement la tête en arrière, comme pour étudier un menu. Ils s'étaient rencontrés sur un terrain de golf, quand elle apprenait à jouer. C'était une journée humide, et le parcours était presque désert. La jeune femme et un ami démarraient quand une silhouette au crâne dégarni qui transportait un sac de toile avec quelques clubs lui proposa de se joindre à eux. Adele fit un drive passable. Son ami lança sa balle qui rebondit de l'autre côté de la route et en plaça une autre sur le tee, la frappant d'un coup sec. Phil, assez timidement, prit un vieux bois 3 et envoya la balle à deux cents mètres, en plein sur le fairway.

Tel était son personnage, calme et capable. Il avait étudié à Princeton et s'était engagé dans la marine. On voyait bien qu'il était passé par là, disait Adele – il suffisait de regarder ses jambes. La première fois qu'elle était sortie avec lui, il avait remarqué que, curieusement, certaines personnes l'aimaient bien, d'autres pas du tout. « Quand je plais aux gens, j'ai tendance à me désintéresser d'eux. » Elle n'était pas sûre de saisir le sens de sa phrase, mais elle fut séduite par son côté un peu usé, surtout autour des yeux. Cela lui donnait l'impression que c'était un vrai homme, bien qu'il ne fût sans doute plus celui qu'il avait été. Et puis, expliquait-elle, il était brillant, à la manière d'un professeur.

Il était flatté de plaire à Adele, mais elle se sentait plus gratifiée encore par son attirance pour elle. Il avait une façon à lui d'ignorer le monde. Il semblait ne faire aucun cas de sa personne, être au-dessus de ça.

En réalité, il ne gagnait pas beaucoup d'argent. Il écrivait dans un hebdomadaire d'affaires. Elle touchait presque autant en vendant des maisons. Elle avait commencé à prendre un peu d'embonpoint. C'était quelques années après leur mariage. Elle avait gardé sa beauté – son visage – mais ses formes s'étaient étoffées. Elle se mettait au lit avec un verre, comme au temps de ses vingt-cinq ans. Phil lisait, une veste de sport sur son pyjama. Quelquefois, le matin, il se promenait sur la pelouse dans cette tenue. Elle sirotait son whisky en le regardant.

– Tu sais quoi ?

– Non ?

– J'ai du plaisir au lit depuis l'âge de quinze ans.

Il leva les yeux.

– Je n'étais pas aussi précoce, avoua-t-il.

– Tu as peut-être eu tort.

– Merci pour le conseil. Aujourd'hui c'est un peu tard.

– Tu te souviens quand on l'a fait la première fois ?

– Oui.

– On ne pouvait plus s'arrêter, dit-elle. Tu te rappelles ?

– Avec le recul, ça fait une bonne moyenne.

– Oh, super, répliqua-t-elle.

Quand il partit se coucher, elle regarda un film. Les stars aussi vieillissaient et avaient des problèmes amoureux. C'était différent pourtant – elles avaient déjà récolté d'énormes récompenses. Elle fixait l'écran, songeuse. Elle pensait à ce qu'elle avait été, à ce qu'elle avait eu. Elle aurait pu être une star.

Phil s'en moquait – il dormait.

L'automne vint. Un soir, ils étaient chez les Morrissey – le maître de maison, un juriste de haute taille, était chargé de la transmission de nombreux patrimoines et de l'administration d'autres biens. La lecture des testaments avait fait son éducation, disait-il, elle lui avait révélé le cœur humain.

L'un des convives, un homme de Chicago – un imbécile, en réalité –, qui avait gagné une fortune dans l'informatique, prononça un toast au cours du repas :

– À bas la vie privée et vive l'indignité ! lança-t-il.

Il était accompagné d'une femme déprimée qui avait récemment découvert que son mari avait à Baltimore une liaison avec une Noire, et que cela durait depuis environ sept ans. Il y avait peut-être un enfant.

– Vous comprenez pourquoi j'ai l'impression de revivre en venant ici, dit-elle. C'est comme une bouffée d'air frais.

Les femmes exprimèrent leur sympathie. Elles savaient à quoi elle devait faire face – il lui fallait repenser entièrement les sept années écoulées.

– C'est vrai, reconnut son voisin.

– Qu'y a-t-il à repenser ? voulut savoir Phil.

On lui répondit avec impatience. La tromperie, s'indignèrent-elles, la tromperie – elle avait été trompée tout ce temps. Adele se resservait en vin. Sa serviette recouvrait l'endroit où elle avait déjà renversé son verre.

– Mais c'était une période de bonheur, non ? demanda Phil ingénument. Ce temps est déjà vécu. On ne peut pas le changer.

C'était le professeur qui parlait par sa bouche.

– On ne peut pas le transformer d'un seul coup en malheur.

– Cette femme m'a volé mon mari. Elle a volé tout ce qu'il avait juré.

– Pardonnez-moi, dit Phil avec douceur. Mais cela arrive tous les jours.

De la table monta une clameur de chœur antique – les cous tendus, les sifflements d'oies sacrées. Seule Adele resta silencieuse.

– Tous les jours, répéta-t-il, la voix noyée par le bruit, une voix inspirée par la raison ou, du moins, par les faits.

– Jamais je ne volerais l'homme d'une autre, dit alors Adele. Jamais.

Quand elle buvait, son visage s'imprégnait d'une lassitude chargée d'expérience.

– Et jamais je ne romprais un serment.

– Je suppose que non, observa Phil.

– Je ne tomberais pas non plus amoureuse d'un garçon de vingt ans.

Elle parlait de la répétitrice, de la fille qui était venue cette fois-là, vibrante de jeunesse sous ses vêtements.

– C'est vrai.

– Il a quitté sa femme, insista Adele.

Il y eut un silence.

Le léger sourire de Phil s'était effacé, mais son expression était encore agréable.

– Je ne l'ai pas quittée, précisa-t-il calmement. Elle m'a jeté dehors.

– Il a abandonné sa femme et ses enfants, poursuivit Adele.

– Ce n'est pas exact. De toute manière, c'était fini entre nous. Depuis plus d'un an.

Il gardait un ton neutre, presque comme si c'était arrivé à quelqu'un d'autre.

– C'était la répétitrice de mon fils, expliqua-t-il. Je suis tombé amoureux d'elle.

– Et vous avez commencé une histoire avec elle ? suggéra Morrissey.

– Oh, oui.

Il y a de l'amour quand on perd le pouvoir de parler, quand on ne peut même plus respirer.

– Au bout de deux ou trois jours.

– Dans la maison ?

Phil secoua la tête. Il éprouvait un étrange sentiment d'impuissance. Il se laissait aller.

– Je n'ai rien fait à la maison.

– Il a quitté sa femme et ses enfants, répéta Adele.

– Tu le savais, répondit Phil.

– Il est parti comme ça. Ils étaient mariés depuis quinze ans ; il avait alors dix-neuf ans.

– Nous ne sommes pas restés ensemble aussi longtemps.

– Ils avaient trois enfants, poursuivit-elle. L'un d'eux était attardé.

Un déclic s'était produit – il ne parvenait plus à parler, il se sentait oppressé comme par une sorte de nausée. Avec l'impression de livrer des pans de son intimité passée, il réussit à prononcer :

– Il n'était pas attardé. Il… avait des difficultés à apprendre à lire, c'est tout.

À cet instant lui revint en mémoire une image douloureuse de son fils, des années auparavant. Un après-midi, ils avaient ramé jusqu'au milieu de l'étang d'un ami, et sauté dans l'eau, rien que tous les deux. C'était l'été. L'enfant avait six ou sept ans. L'eau, chaude en surface, plus fraîche en profondeur, avait le vert sourd des grenouilles et des herbes. Ils avaient nagé jusqu'à l'extrémité opposée, pour revenir ensuite vers la barque, la tête blonde, inquiète, de son fils émergeant comme la crinière d'un chien. Année de joie.

– Alors raconte-nous le reste, dit Adele.

– Il n'y a rien d'autre.

– Apparemment, cette répétitrice était un genre de call-girl. Il l'a trouvée au lit avec un type.

– C'est vrai ? demanda Morrissey.

Il s'appuyait sur la table, le menton dans la main. On croit connaître quelqu'un, on s'imagine que parce qu'on dîne et joue aux cartes avec lui, il n'a pas de secret pour vous, mais en réalité c'est faux. C'est chaque fois une surprise. On ne sait rien.

– C'était sans importance, murmura Phil.

– Cet imbécile l'épouse quand même, poursuivait Adele. Elle arrive à Mexico, où il travaille, et il se marie avec elle.

– Tu ne comprends rien du tout, Adele, dit-il.

Il voulait ajouter quelque chose, mais n'y parvint pas. Il avait de la peine à reprendre sa respiration.

– Vous lui parlez encore ? demanda Morrissey d'un ton léger.

– Oui, à mon corps défendant, répondit Adele.

Aucun d'eux ne pouvait savoir, ni imaginer Mexico et la prodigieuse première année, les virées en voiture sur la côte, le week-end, la traversée de Cuernavaca, ses jambes nues caressées par le soleil, ses bras, le vertige et la soumission qu'il ressentait auprès d'elle, comme devant une photographie interdite, devant une œuvre d'art belle à vous couper le souffle. Deux années à Mexico, oublieux du naufrage. Il était comme envoûté par l'essence divine qui émanait d'elle. Il voyait son cou penché en avant, sa nuque frêle. Il distinguait les os fragiles qui s'égrenaient le long de son dos, telles des perles. Il se voyait, lui, tel qu'il était autrefois.

– Je lui parle, admit-il.

– Et à votre première femme ?

– On se parle. On a trois enfants.

– Il l'a quittée, redit Adele. Un vrai Casanova.

– Certaines femmes ont une âme de flic, déclara Phil sans s'adresser à personne en particulier. Ceci est bien, ceci est mal. Eh bien, en tout cas…

Il se leva. Il s'était fourvoyé depuis le début, réalisait-il, il avait tout fait à l'envers. Il avait sabordé sa vie.

– En tout cas, il y a une chose que je peux sincèrement affirmer. Si c'était à refaire, je le referais.

Il sortit, et ils poursuivirent leur conversation. La femme que son mari avait trompée pendant sept ans savait ce que c'était.

– Il prétend qu'il ne peut pas s'en empêcher, dit-elle. La même chose m'est arrivée. Un jour, je passais devant chez Bergdorf et j'ai vu dans la vitrine un manteau vert qui me plaisait, aussi je suis entrée pour l'acheter. Un peu plus tard, j'ai vu ailleurs un autre manteau qui m'a paru plus beau que le premier, aussi je l'ai pris. Et quand mon coup de folie a passé, je me suis retrouvée avec quatre manteaux verts accrochés dans ma penderie. C'était juste parce que j'étais incapable de contrôler mes envies.

Dehors, la haute coupole du ciel était balayée par les nuages, et les étoiles brillaient faiblement. Adele finit par le distinguer au loin, debout dans l'obscurité. Elle se dirigea vers lui, chancelante. Elle vit qu'il levait la tête. Elle s'arrêta à quelques mètres de lui et l'imita. Le ciel se mit à tournoyer. Elle fit subitement un pas ou deux, pour retrouver son équilibre.

– Qu'est-ce que tu regardes ? demanda-t-elle enfin.

Il ne répondit pas. Il n'avait aucune intention de le faire.

– La comète, dit-il. On en a parlé dans les journaux. C'est la nuit où on la voit le mieux, paraît-il.

Il y eut un silence.

– Je ne vois aucune comète, déclara-t-elle.

– Vraiment ?

– Où est-elle ?

– Là-haut, fit-il en levant le bras. Elle ne ressemble à rien de particulier, c'est juste une étoile de plus. Tu vois la petite nouvelle, à côté des Pléiades ?

Il connaissait toutes les constellations. Il les avait

vues se déployer dans la nuit, au-dessus de côtes lointaines.

– Allons, tu pourras la regarder demain, dit-elle comme pour le consoler, mais sans s'approcher de lui.

– Elle ne sera plus là demain. Elle ne passe qu'une fois.

– Comment sais-tu où elle sera ? demanda-t-elle. Viens, il est tard, allons-nous-en d'ici.

Il ne bougea pas. Au bout d'un moment elle repartit vers la maison dont toutes les fenêtres, au premier comme au rez-de-chaussée, étaient éclairées à outrance. Il resta là où il était, levant les yeux vers le ciel, puis vers elle, tandis qu'elle rapetissait sur la pelouse, pénétrait dans le halo lumineux, puis, inondée de clarté, gravissait l'escalier de la cuisine en trébuchant.

TOI, MON SEIGNEUR

Toi, mon Seigneur

Il y avait des serviettes chiffonnées sur la table, des verres de vin avec un dépôt sombre au fond, des taches de café, et des assiettes constellées de morceaux de brie durci. Derrière les vitres bleuâtres, le jardin était immobile, sous les chants d'oiseaux du matin d'été. Le jour se levait. La soirée avait été un succès, excepté un incident : Brennan.

Ils avaient d'abord pris l'apéritif dehors, à la lumière du crépuscule, puis ils étaient rentrés. La cuisine avait une grande table ronde, une cheminée, et des étagères avec toutes sortes d'ingrédients. Deems était connu pour sa cuisine. Ainsi qu'Irene, son énigmatique petite amie, qui avait un sourire mystérieux – pourtant ils ne préparaient jamais les repas ensemble. Ce soir, c'était le tour de Deems. Il servit du caviar, présenté dans un pot blanc, comme un produit de maquillage. C'était du Sevruga, à déguster avec de petites cuillères en argent.

– La seule manière, marmonna Deems de profil.

Il regardait rarement quelqu'un en face.

– Des cuillères en argent anciennes, l'entendit murmurer Ardis, comme si elle ne s'en était pas aperçue. Elle remarquait tout cependant. Ils connaissaient Deems depuis un certain temps, mais elle et son mari n'étaient jamais venus chez lui. Dans la salle à manger, où ils s'installèrent tous pour dîner, elle passa en revue les tableaux, les livres et les objets sur les rayonnages, dont l'un contenait des coquillages parfaits, étincelants. C'était insolite, comme toujours la maison des autres, mais aussi à demi-familier.

Avant le début du repas, il y avait eu un imbroglio à propos du plan de table, qu'Irene avait vainement tenté de démêler au milieu de la conversation. Dehors, la nuit était tombée, profonde et verte. Les hommes parlaient des camps qu'ils avaient faits, enfants, dans le Maine boisé de pins, et de Soros, le financier. Beaucoup plus intéressant, ce commentaire qu'Ardis entendit dans la bouche d'Irene, sans saisir le contexte :

– Je crois possible qu'on couche avec un homme de trop.

– Vous avez dit « possible » ou « impossible » ? s'entendit-elle demander.

Irene se contenta de sourire. « Je dois lui poser la question plus tard », songea Ardis. La nourriture était excellente. Il y avait de la soupe froide, du canard et une salade de légumes tendres. Le café avait été servi, et Ardis jouait distraitement avec la cire fondue des bougies quand une voix retentit bruyamment derrière elle :

– Je suis en retard. Qui est-ce ? Ce sont eux les gens chic ?

C'était un homme ivre habillé d'une veste et d'un pantalon blanc sale, avec des taches de sang qui venaient de ce qu'il s'était entaillé la lèvre en se rasant deux heures auparavant. Ses cheveux étaient humides, son visage arrogant. C'était un visage de duc de la régence anglaise, intimidant, capricieux. L'irrationnel filtrait par tous ses pores.

– Vous avez quelque chose à boire ici ? C'est quoi, ça, du vin ? Désolé d'être en retard. Je viens d'avaler sept cognacs, de dire au revoir à ma femme. Deems, tu sais ce que c'est. Tu es mon seul ami, tu sais ça ? Le seul.

– Si tu as faim, il y a de quoi manger, dit Deems, indiquant la cuisine du geste.

– Non, non. J'ai déjà dîné. Je vais juste boire un verre. Deems, tu es mon ami, mais je vais t'avouer une chose, tu deviendras mon ennemi. Tu sais ce qu'a dit Oscar Wilde – mon écrivain préféré, celui que j'aime le plus au monde. N'importe qui peut choisir ses amis, mais seul un homme sage est capable de choisir ses ennemis.

Il fixa intensément Deems. Il y avait en lui l'acharnement d'un fou, une sorte de fureur. Sa bouche exprimait la détermination. Quand il partit dans la cuisine, ils l'entendirent remuer les bouteilles. Il revint avec un verre dangereusement plein et considéra l'assemblée d'un air impudent.

– Où est Beatrice ? demanda Deems.

– Qui ?

– Beatrice, ta femme.

– Partie, répondit Brennan.

Il cherchait un siège.

– Rendre visite à son père ? demanda Irene.

– Qu'est-ce qui te fait penser ça ? dit-il, menaçant.

Paniquée, Ardis le vit s'asseoir près d'elle.

– Il a été hospitalisé, n'est-ce pas ?

– Dieu sait où il est, répliqua sombrement Brennan. C'est un porc. Le lucre, le gain. C'est un propriétaire de taudis, un criminel. Je le pendrais de mes propres mains. Dans le style de Gomez, le dictateur, dont les filles sont probablement des femmes riches.

Il découvrit Ardis et lui dit, comme s'il imitait quelqu'un, peut-être celle qu'il croyait reconnaître :

– C'est-y pas drôle ? C'est-y pas merveilleux ?

À son soulagement, il se détourna.

– Je suis leur seul espoir, confia-t-il à Irene. Je vis de leur fric et ça va me foutre en l'air, c'est ma ruine.

Il tendit son verre et demanda d'un ton doucereux :

– Je peux avoir quelques glaçons ? J'adore ma femme.

Il confia à Ardis :

– Vous savez comment nous nous sommes rencontrés ? Ahurissant. Elle marchait sur la plage. Je n'étais pas préparé. J'ai vu le ventral, puis la dorsale, j'ai imaginé le reste. Bang ! Un vrai choc interplanétaire. Un coït ininterrompu. Quelquefois je reste silencieux et je l'observe. « La panthère noire se love sous le rosier, récita-t-il. *J'ai eu pitié des autres...* »

Il la regardait fixement.

– De qui est-ce ? demanda-t-elle, hésitante.

– « ... mais que l'enfant marche en paix dans sa basilique », entonna-t-il.

– C'est Wilde ?

– Vous ne devinez pas ? Pound. Le seul génie du siècle. Non, pas le seul. J'en suis un autre : un ivrogne, un raté et un grand génie. Vous êtes qui ? dit-il. Encore une petite femme au foyer ?

Elle sentit le sang quitter son visage et se leva pour s'affairer à débarrasser la table. Il posa la main sur son bras.

– Ne partez pas. Je sais qui vous êtes, une de ces femmes inestimables, destinées à se morfondre. Belle silhouette, remarqua-t-il quand elle parvint à se dégager, jolies chaussures.

Tandis qu'elle emportait des assiettes à la cuisine, elle l'entendit déclarer :

– Il faut éviter d'aller à trop de soirées. Sans être invité.

– On se demande pourquoi, murmura quelqu'un.

– Mais Deems est mon ami, mon ami le plus proche.

– Qui est-ce ? demanda Ardis à Irene, dans la cuisine.

– Oh, c'est un poète. Il est marié avec une femme vénézuélienne, et elle fait des fugues. Il n'est pas toujours aussi odieux.

Dans l'autre pièce, ils l'avaient calmé. Ardis voyait son mari remonter ses lunettes sur son nez d'un doigt nerveux. Deems, en chemise de polo, les cheveux en bataille, essayait de guider Brennan vers la porte de derrière. Celui-ci s'arrêtait constamment pour parler. Un instant, il parut dégrisé.

– Je veux te raconter quelque chose, s'écria-t-il. Je suis passé devant l'école, dans la rue là-bas. Il y avait une affiche. Le premier concours annuel de Miss Baise. Je ne plaisante pas. C'est un fait.

– Non, non, protesta Deems.

– Ça a lieu je ne sais quand. La question est la suivante : est-ce qu'elles reprennent leurs esprits à la fin, ou est-ce qu'elles perdent la tête ? Encore un petit coup, supplia-t-il.

Son verre était vide. Il revint à son idée :

– Sérieusement, qu'en penses-tu ?

À la lumière de la cuisine, il paraissait simplement échevelé, comme un journaliste qui aurait travaillé dur toute la nuit. Ce qui était troublant chez lui, c'était l'absence de raison, et son regard fixe. Il avait une narine plus petite que l'autre. Il avait l'habitude d'être ingouvernable. Ardis espéra qu'il ne la remarquerait pas de nouveau. Elle vit deux plaques luisantes sur son front, comme des cornes naissantes. Les hommes étaient-ils attirés par vous lorsqu'ils savaient qu'ils vous effrayaient ?

Elle sentit ses yeux. Il y eut un silence. Il se dressait près d'elle, tel un mendiant agressif.

– Vous êtes qui, encore une bourgeoise ? Je sais que j'ai bu. Venez dîner, proposa-t-il. J'ai commandé un repas délicieux pour nous. Vichyssoise. Homard. *SG.* Cette mention figure toujours sur le menu, *selon grosseur*.

Il parlait avec naturel, comme s'ils avaient été au casino, des piles de jetons devant eux, discutant âprement pour décider sur quoi miser, parfaitement indifférent, en apparence, à la vue de ses seins sous le T-shirt foncé. Il tendit calmement le bras pour en toucher un.

– J'ai de l'argent, dit-il.

Sa main resta posée là. Ardis était trop sidérée pour réagir.

– Vous voulez que je continue ?

– Non, parvint-elle à répondre.

Sa main effleura sa hanche. Deems l'avait pris par un bras et l'entraînait.

– Chut, souffla Brennan à Ardis, ne dites rien. Vous et moi. Comme une rame qui s'enfonce dans l'eau.

– Il faut qu'on y aille, insista Deems.

– Qu'est-ce que tu fais ? C'est encore une de tes ruses ? cria Brennan. Deems, je vais finir par te démolir !

Tandis qu'on le conduisait à la porte, il continua. Deems était le seul homme qu'il ne haïssait pas, dit-il. Il voulait qu'ils viennent tous chez lui, il avait un phonographe, du whisky ! Une montre en or !

Il se retrouva enfin dehors. Il s'avança, chancelant, sur l'herbe joliment taillée et entra dans sa voiture, dont un côté était cabossé. Il recula par grandes embardées.

– Il va atterrir chez Cato's, supputa Deems. Je devrais appeler pour les prévenir.

– Ils ne le serviront pas. Il leur doit de l'argent, dit Irene.

– Qui te l'a rapporté ?

– Le barman. Ça va ? demanda-t-elle à Ardis.

– Oui. Il est vraiment marié ?

– Il l'a été trois ou quatre fois, répondit Deems.

Plus tard ils se mirent à danser, certaines des femmes ensemble. Irene attira Deems sur la piste. Il n'opposa pas de résistance. Il dansait très bien. Elle dessinait des mouvements sinueux avec ses bras et chantait.

– Charmant, dit-il. Tu as déjà joué dans un cabaret ?

Elle lui sourit.

– Je fais de mon mieux, répondit-elle.

À la fin, elle posa la main sur l'épaule d'Ardis et répéta :

– Je suis si gênée par ce qui s'est passé.

– Ce n'était rien. Tout va bien.

– J'aurais dû le ficher à la porte, remarqua son mari sur le chemin du retour. Ezra Pound. Tu sais ce qu'il a fait ?

– Non.

– C'était un traître. Il a participé à des émissions fascistes en Italie pendant la guerre. On aurait dû le fusiller.

– Que lui est-il arrivé ?

– On lui a donné un prix de poésie.

Ils longeaient une bande de terrain, avec dans un coin, à demi cachée par les arbres, une petite chaumière, la maison de la gitane. C'était le nom qu'Ardis lui donnait en pensée, une masure toute simple avec une pompe à eau dans la cour, et quelquefois, dans la journée, une fille en short bleu, très court, chaussée de talons aiguilles, qui accrochait du linge sur une corde. Ce soir, la fenêtre était éclairée. Une lumière au bord de la mer. Elle conduisait, et Warren parlait.

– Le mieux, c'est d'oublier ce qui s'est passé ce soir.

– Oui, acquiesça-t-elle, ce n'était rien.

À environ deux heures ce matin-là, Brennan enfonça une palissade dans Hull Lane et monta sur une pelouse privée. À l'endroit où la route tournait à gauche, il avait manqué le virage, sans doute parce qu'il n'avait pas allumé ses phares, conclut la police.

Elle prit le livre et s'approcha d'une fenêtre qui donnait sur le jardin, derrière la bibliothèque. Elle lut un fragment ou deux, et trouva un poème dont quelques vers avaient été soulignés, avec des notes au crayon dans la marge. C'était *La Femme du marchand de la rivière*, dont elle n'avait jamais entendu parler. Dehors, l'été brûlant, pâle comme la craie.

À quatorze ans, je t'ai épousé, toi, mon Seigneur, lut-elle. *Je ne riais jamais, car j'étais timide…*

Trois vieillards, dont l'un paraissait presque aveugle, lisaient des journaux dans la fraîcheur de la salle. Les épais verres de l'homme projetaient des lunes blanches sur ses joues.

Cet automne, les feuilles tombent tôt dans le vent.
En août,
Jaunissent déjà les couples de papillons
Sur l'herbe du jardin de l'Ouest :
Ils me blessent. Je vieillis.

Elle avait lu et peut-être annoté ainsi des poèmes, mais c'était à l'école. De ce qu'on lui avait enseigné, elle n'avait pas retenu grand-chose. Il y avait eu un mon Seigneur, mais elle ne l'avait pas épousé. Elle avait vingt et un ans, sa première année dans la ville. Elle se rappelait l'immeuble en brique brun foncé de la Cinquante-Huitième Rue, la lumière oblique des après-midi, ses vêtements sur une chaise, ou jetés à terre, l'étreinte, la moiteur des corps, et ces mots absurdes qu'elle répétait, pour lui, pour rien, et quoi encore : oh, Dieu, oh, Dieu, oh, Dieu. Dehors, le bruit étouffé, si lointain, de la circulation…

Elle lui avait téléphoné plusieurs fois au cours des années, convaincue que l'amour ne mourait jamais, rêvant stupidement de le revoir, de le ramener à elle, comme dans les vieilles chansons. De se hâter à nouveau, de courir presque dans la rue en plein midi, le claquement de ses talons sur le trottoir. Voir s'ouvrir la porte de l'appartement…

Si tu viens par le pertuis du fleuve Kiang,
Préviens-moi à l'avance,
Et je viendrai à ta rencontre
Jusqu'à Chô-fu-sa

Elle s'assit près de la fenêtre, son jeune visage empreint de lassitude, d'un léger dégoût pour les choses, et même, pouvait-on imaginer, pour soi-même. Au bout d'un moment, elle alla au bureau de la réception.

– Vous auriez des ouvrages de Michael Brennan ? demanda-t-elle.

– Michael Brennan, répéta la femme. Nous les avions, mais il les emporte parce que, d'après lui, des personnes indignes les lisent. Je ne pense pas que nous en ayons maintenant. Peut-être quand il reviendra en ville.

– Il habite en ville ?

– Au bout de la rue. À un certain moment, nous avions tous ses livres. Vous le connaissez ?

Elle eût aimé en demander plus, mais elle secoua la tête.

– Non, répondit-elle. J'ai juste entendu son nom.

– C'est un poète, dit la femme.

Sur la plage, elle s'assit toute seule. Il n'y avait presque personne. Elle s'allongea en maillot de bain, offrant son visage et ses genoux au soleil. Il faisait chaud, et la mer était calme. Elle préférait s'installer près des dunes, où venaient se fracasser les vagues, pour les entendre retentir comme les accords ultimes d'une symphonie, sauf qu'elles continuaient à l'infini. Il n'existait rien de plus beau.

Elle sortit de l'océan et se sécha comme la gitane, les chevilles moulées par le sable. Elle sentait le soleil brûler ses épaules. Les cheveux mouillés, emplie du vide des journées, elle poussa sa bicyclette jusqu'à la route, foulant le sol velouté.

Elle ne rentra pas par le chemin habituel. Il y avait peu de circulation. Le ciel de midi était vert bouteille, de grandes maisons parmi les arbres, et derrière, comme un souvenir, les immenses terres cultivées. Elle connaissait la maison et la vit de loin, son cœur battant étrangement. D'un geste négligent, elle s'arrêta, le vélo incliné d'un côté, à demi assise sur la selle, comme pour se reposer. Une femme solitaire, si belle, dans une chemise d'été blanche, les jambes nues. Feignant d'ajuster la chaîne de sa bicyclette, elle regarda la maison, ses hautes fenêtres, les taches d'eau en haut du toit. Il y avait une remise de jardinier abandonnée, et de jeunes arbres poussaient sur le chemin qui y menait. La longue allée, le porche sur la mer, tout était désert.

D'un pas lent, consciente de son audace, elle alla vers la maison. Elle avait le désir de regarder par les fenêtres, rien de plus. Pourtant, malgré le silence, l'immobilité totale, c'était interdit.

Elle s'aventura plus loin. Soudain, quelque chose se leva sur le porche de devant. Elle se figea sur place, incapable d'émettre un seul son.

Un énorme chien aux yeux jaunes, qui lui arrivait au-dessus de la taille, s'approchait d'elle. Elle avait toujours eu peur des chiens, au collège un berger allemand s'était subitement retourné contre sa camarade de chambre et lui avait arraché un morceau de cuir chevelu. La tête basse, la démarche lente, délibérée, le volume imposant.

Ne pas montrer sa peur, elle savait cela. Elle déplaça prudemment sa bicyclette pour s'en servir comme d'un bouclier. Le chien s'arrêta à quelques mètres, les yeux posés sur elle, le dos caressé par le soleil. Elle se demanda ce qu'il allait faire, redoutant une attaque subite.

– Bon chien, dit-elle.

Il ne lui venait rien d'autre à l'esprit.

– Bon chien.

Avec précaution, elle fit rouler son vélo vers la route, détournant légèrement la tête pour feindre le calme. Ses jambes étaient exposées, ses mollets nus. Sa chair serait lacérée comme par le tranchant d'une faux. Le chien la suivait, ses épaules ondulant doucement, telle une mécanique. Elle rassembla son courage et essaya de pédaler. La roue avant vacilla. Le chien, qui atteignait le guidon, vint plus près.

– Non ! cria-t-elle. Non !

Au bout d'une minute ou deux, docile, il ralentit ou changea de direction. Il avait disparu.

Elle pédala, libérée, avec la sensation de voler à travers les zones de lumière et les hauts tunnels majestueux des arbres. Elle le revit alors. Il la suivait – pas exactement, puisqu'il se trouvait loin devant elle. Il paraissait flotter au milieu des champs qui flamboyaient, embrasés par le soleil de midi. Elle tourna pour s'engager sur sa propre route. Il arrivait. Il était juste derrière elle. Elle entendait ses griffes cogner sur le sol comme des cailloux. Elle jeta un coup d'œil. Il trottait d'un pas maladroit, tel un gros homme en train de courir sous la pluie. Un filet de bave coulait de sa mâchoire. Quand elle atteignit sa maison, il était parti.

Ce soir-là, vêtue d'une chemise en coton, Ardis se préparait à se coucher, se nettoyant le visage, la porte de la salle de bains entrebâillée. Elle se brossait les cheveux à petits coups rapides.

– Fatiguée ? demanda son mari quand elle reparut.

C'était sa manière d'aborder le sujet.

– Non.

Ils s'étreignirent alors dans la nuit d'été, au son lointain de la mer. Entre autres qualités, son mari admirait particulièrement sa peau, extraordinaire, lumineuse, lisse, une peau si pure que la toucher vous donnait des frissons.

– Attends, chuchota-t-elle, pas si vite.

Après, il se rallongea sans un mot, sombrant déjà, beaucoup trop tôt, dans un profond sommeil. Elle lui effleura l'épaule. Elle avait entendu un bruit devant la fenêtre.

– Écoute.

– Quoi ? répondit-il, tout endormi.

Elle attendit. Il n'y avait rien. Elle avait cru déceler un son imperceptible, un soupir.

Le lendemain matin elle s'exclama :

– Oh !

Le chien était couché là, sous les arbres. Elle distinguait ses oreilles – petites, striées de blanc.

– Qu'est-ce que c'est ? demanda son mari.

– Rien, dit-elle. Un chien. Il m'a suivie hier.

– Depuis où ? questionna-t-il, s'approchant pour voir.

– Depuis la route. Je pense qu'il doit appartenir à cet homme, Brennan.

– Brennan ?

– Je suis passée devant sa maison, répondit-elle, et après, il m'a suivie.

– Qu'est-ce que tu fabriquais chez Brennan ?
– Rien. Je passais. Il n'est même pas là.
– Comment, il n'est pas là ?
– Je ne sais pas.
Elle était troublée.
– Quelqu'un me l'a dit.
Il alla ouvrir la porte. L'animal – un lévrier écossais – avait les pattes allongées devant lui comme un sphinx, l'arrière-train haut et rebondi. Il se leva maladroitement, et au bout d'un moment il s'éloigna à pas lents, comme à regret, zigzaguant à travers les champs, sans jamais se retourner.

Le soir, ils se rendirent à une fête dans Mecox Road. Au loin, en direction de Montauk, des vents balayaient la côte. Les vagues explosaient en gerbes d'écume. Ardis parlait à une femme à peine plus âgée qu'elle, dont le mari était mort d'une tumeur au cerveau à l'âge de quarante ans. Il l'avait lui-même diagnostiquée, dit-elle. Il était assis dans une salle de théâtre quand il s'était brusquement rendu compte qu'il ne voyait plus le mur à sa droite. À l'enterrement étaient venues deux femmes qu'elle n'avait pas reconnues, et qui, ensuite, n'avaient pas assisté à la réception.

– Bien sûr, il était chirurgien, dit-elle, et les chirurgiens les attirent comme des mouches. Mais je ne m'en suis jamais doutée. Je suppose que je suis une belle idiote.

Sur le chemin du retour, les arbres filèrent derrière eux. Leur demeure se dressait dans le halo lumineux des phares. Elle crut entrevoir quelque chose et, bizarrement, se surprit à espérer que son mari n'avait rien remarqué. Elle se sentit nerveuse quand ils traversèrent la pelouse. Les étoiles étaient innombrables. Ils allaient ouvrir la porte et pénétrer à l'intérieur où tout était familier, serein même. Au bout d'un moment, ils se prépareraient à se coucher, tandis que le vent tournoyait autour de la maison et que les feuilles sombres bruissaient sans relâche. Ils éteindraient les lampes. Le monde du dehors livré aux éléments, à la splendeur du vent.

C'était vrai. Il était là. Couché sur le flanc, sa robe blanchâtre ébouriffée. Elle s'approcha lentement, dans la lumière du matin. Quand il leva la tête, elle vit ses yeux d'ambre. Il n'était plus très jeune, mais sa puissance résidait dans son insoumission. Elle parla d'un ton naturel :

– Viens, dit-elle.

Elle fit quelques pas. Au début, il ne bougea pas. Elle jeta encore un coup d'œil derrière elle. Il suivait.

Il était encore tôt. Comme ils atteignaient la route, une voiture passa, terne, décolorée par le soleil. Sur le siège arrière, une fille, l'air las, la tête penchée en avant. On la reconduisait chez elle après l'épuisante nuit, songea Ardis. Un sentiment d'envie inexplicable la submergea.

Il faisait bon, mais la vraie chaleur ne s'était pas encore levée. Elle attendit plusieurs fois tandis qu'il buvait dans des mares au bord de la route, debout au milieu de l'eau, ses larges griffes brillant comme de l'ivoire.

Soudain un autre chien surgit d'un porche, aboyant férocement. Le grand lévrier écossais se tourna, montrant les crocs. Elle retint son souffle, craignant de voir l'un d'eux retomber, inerte et ensanglanté, mais malgré la violence de l'échange, ils restèrent à bonne distance l'un de l'autre. Après quelques coups de dents, ce fut terminé. Il repartit d'un pas moins assuré, des touffes de poil mouillé autour de la gueule.

Une fois arrivé chez lui, il monta sur le porche et attendit. Il était clair qu'il voulait rentrer. Il était revenu. Il devait mourir de faim, songea-t-elle. Elle regarda autour d'elle pour voir s'il y avait quelqu'un. Une chaise qu'elle n'avait pas remarquée auparavant était posée dans l'herbe, mais la maison était plus immobile que jamais, pas un souffle ne soulevait les rideaux. D'une main qui ne semblait pas lui appartenir, elle tourna la poignée. La porte n'était pas verrouillée.

L'entrée était obscure. Dans le fond, elle vit un séjour en désordre : coussins fripés sur le canapé, verres sur les tables, papiers, chaussures. Dans la salle à manger, il y avait des piles de livres. C'était la maison d'un artiste, l'abondance et le laisser-aller y régnaient.

Dans la chambre, il y avait un grand bureau, et au milieu, dans le fouillis de coupures de journaux et de lettres, un espace avait été dégagé. Des feuilles couvertes d'une écriture presque illisible, des lignes incomplètes et des mots qui omettaient certaines voyelles. *Mort d pèr*, lut-elle, puis des caractères indéchiffrables, et une phrase qui ressemblait *à wagns expédiés vides*, et en bas, à l'écart, deux mots, *encore, encore.* D'une autre écriture, cette page : *Je t'aime profondément. Je t'admire. Je t'aime et je t'admire.* Elle dut interrompre sa lecture. Elle était trop mal à l'aise. Il y avait des choses qu'elle ne voulait pas savoir. Dans un cadre d'argent martelé, la photographie d'une femme appuyée contre un mur, le visage à contre-jour, et, en arrière-fond, la blancheur invisible d'une villa. À travers les stores vénitiens, on entendait le doux bruissement des feuilles de palmier, les oiseaux sur les branches hautes, dans la villa où il l'avait trouvée, où sa jeunesse avait été téméraire comme une déclaration de guerre. Non, ce n'était pas ça. Il l'avait rencontrée sur une plage, ils étaient allés à la villa. C'est le regard sur la vraie vie qui a le plus de force. Elle lut l'inscription oblique en espagnol : *Tus besos me destierran.* Elle reposa le portrait. Une photographie était sacro-sainte, elle vous excluait toujours. C'était donc l'épouse. *Tus besos*, tes baisers.

Elle pénétra, presque en rêve, dans la vaste salle de bains qui donnait sur le jardin. Quand elle entra, son cœur faillit s'arrêter – elle aperçut quelqu'un dans la glace. Il lui fallut une seconde pour se rendre compte que c'était elle, et quand elle examina son reflet d'un œil plus attentif, elle ne reconnut pas complètement ce double illicite, sous une lumière tamisée, grenée. Elle comprit, accepta alors la fatalité qui l'avait conduite ici, pour y être surprise par Brennan à son retour de la poste, ou de la boulangerie. Elle entendrait, surgi de nulle part, un bruit de pas ou une voiture, qui la clouerait sur place. Pourtant elle continua de se contempler. Elle était dans la maison du poète, du démon. Elle avait pénétré dans des pièces interdites. *Tus besos*… les mots ne s'étaient pas tus. À ce moment, le chien vint sur le seuil, puis se laissa tomber sur le sol, la fixant de ses yeux malins, comme un ami intime. Tout ce qu'elle n'avait jamais fait semblait accessible.

Délibérément, sans réfléchir, elle commença à retirer ses vêtements. Elle ne descendit pas au-dessous de la taille. Elle était éblouie par sa propre audace. Telle l'image perdue d'elle-même, et de toutes les femmes, elle se tenait là, dans le silence, frêle et à demi nue, tandis que le soleil brillait dehors. Les yeux du chien étaient levés vers elle, comme pour la vénérer. Ce compagnon semblable à nul autre ne la trahirait pas. Elle se souvint de certaines filles plus âgées à l'école. Kit Vining, Nan Boudreau. Visages et réputations légendaires. Elle avait rêvé être comme elles, mais l'occasion ne s'en était jamais présentée. Elle se pencha pour flatter la belle tête.

– Tu es un grand chien.

Les mots avaient un écho authentique, plus que tout ce qu'elle avait pu dire depuis longtemps.

– Un très grand chien.

La queue remua, frôlant le sol avec un léger bruit. Elle s'agenouilla, et le caressa encore et encore.

Le crissement du gravier, sous les pneus d'une voiture. Le bruit la ramena brutalement à la réalité. Presque prise de panique, elle se rhabilla en hâte et se dirigea vers la cuisine. Elle longerait le porche en courant s'il le fallait, puis elle bondirait d'un arbre à l'autre. Elle ouvrit la porte et écouta. Rien. Comme elle descendait rapidement les marches de derrière, elle vit son mari sur le côté de la maison.

– Dieu merci, dit-elle.

Ils avancèrent lentement l'un vers l'autre. Il lança un regard à la villa.

– J'ai pris la voiture. Il y a quelqu'un ?

– Non, personne.

Elle sentit son visage se crisper, comme si c'était un mensonge.

– Que faisais-tu ? demanda-t-il.

– J'étais dans la cuisine, répondit-elle. J'essayais de trouver à manger pour lui.

– Tu y as réussi ?

– Oui, non.

Il la considéra et déclara enfin :

– Allons-y.

Comme ils reculaient, elle aperçut le chien aplati dans l'ombre, inconsolable. Elle sentit la nudité sous ses vêtements, la satisfaction. Ils s'engagèrent sur la route.

– Il faut bien qu'on le nourrisse, dit-elle pendant le trajet.

Elle regardait les maisons et les champs. Warren ne répondit pas. Il accélérait. Elle se retourna. Un instant, elle crut qu'il suivait, loin derrière.

Plus tard dans la journée, elle alla faire des courses et revint vers cinq heures. Le vent, qui s'était de nouveau levé, fit violemment claquer la porte.

– Warren ?

– Tu l'as vu ? demanda-t-il.

– Oui.

Il était revenu. Il se trouvait dehors, là où la pente montait légèrement.

– Je vais téléphoner au refuge des animaux, dit-elle.

– Ils ne feront rien. Ce n'est pas un chien perdu.

– Je ne supporte pas ça. J'appelle quelqu'un, insista-t-elle.

– Pourquoi pas la police ? Peut-être qu'ils l'abattront.

– Tu n'as qu'à le faire toi-même, dit-elle froidement. Emprunte un fusil. Il me rend folle.

Il fit jour jusqu'à neuf heures passées, et aux dernières lueurs du crépuscule, sous les nuages d'un bleu plus intense que le ciel, elle sortit sans bruit et traversa la pelouse. Son mari l'observait de la fenêtre. Elle portait un saladier blanc. Elle le voyait très distinctement – le gris de son museau posé dans l'herbe moelleuse, et de plus près, les yeux dorés, limpides. Elle s'agenouilla d'un geste empreint de cérémonial. Le vent soulevait ses cheveux. À la lumière déclinante, elle avait presque l'air d'une folle.

– Tiens, murmura-t-elle. Bois.

Son regard, où se lisait le reproche, se détourna. On aurait dit un fugitif dormant sur son manteau. Ses yeux étaient presque fermés.

«Ma vie n'a eu aucun sens», songea-t-elle. Elle ne voulait surtout pas l'avouer.

Ils dînèrent en silence. Son mari ne la regardait pas. Son visage l'irritait, il ne savait pas pourquoi. Elle pouvait être belle, mais ce n'était pas toujours le cas. Son visage lui évoquait une série de photographies dont certaines auraient dû être détruites. Ce soir, c'était l'image qu'elle lui offrait.

– Aujourd'hui la mer a inondé Sag Pond, dit-elle d'un ton morne.

– Vraiment ?

– Ils ont cru qu'une petite fille s'était noyée. Les camions de pompiers étaient là. On s'est aperçu qu'elle s'était simplement égarée.

Après une pause, elle ajouta :

– On doit faire quelque chose.

– Ce qui doit arriver arrivera, répondit-il.

– C'est différent.

Elle quitta brusquement la pièce. Elle se sentait au bord des larmes.

Le métier de son mari consistait essentiellement à donner des conseils. Il consacrait sa vie à servir les autres, à les aider à parvenir à des accords, à mettre fin à leurs mariages, à se défendre contre d'anciens amis. Il excellait dans ce rôle. Ce langage et ces techniques faisaient partie de lui. Il vivait au milieu des difficultés et des intérêts personnels, mais en demeurait toujours protégé. Dans ses dossiers s'empilaient lettres, mémorandums, secrets de carrière. Il avait constaté ceci : il arrivait aux hommes de frôler le désastre, même s'ils paraissaient entièrement à l'abri.

Il avait assisté à des retournements de situation, un événement calamiteux succédant à l'autre. Le drame éclatait soudainement. Quelquefois ils parvenaient à se sauver eux-mêmes, mais au-delà d'un certain seuil c'était impossible. Il s'interrogeait sur lui-même – quand le coup viendrait, que les bordages commenceraient à ployer, que se passerait-il ? Elle téléphonait encore chez Brennan. Il n'y avait jamais de réponse.

Pendant la nuit, le vent tomba. Au petit jour, Warren perçut le calme qui régnait. Il resta allongé sans bouger. Le dos de sa femme était tourné vers lui. Il sentait son rejet.

Il se leva et alla à la fenêtre. Le chien était là, il distinguait sa forme. Il ne savait pas grand-chose des animaux, et rien sur la nature, mais il comprit ce qui s'était passé. Il était couché d'une manière différente.

– Qu'y a-t-il ? demanda-t-elle.

Elle l'avait rejoint. Elle parut rester immobile un long moment.

– Il est mort.

Elle se dirigea vers la porte. Il la retint par le bras.

– Lâche-moi, dit-elle.

– Ardis...

Elle fondit en larmes.

– Lâche-moi.

– Laisse-le tranquille ! lui cria-t-il. Laisse-le en paix !

Elle s'élança sur la pelouse en chemise de nuit. Le sol était mouillé. Quand elle fut plus près, elle s'arrêta pour se calmer, pour trouver du courage. Elle regrettait une seule chose – de n'avoir pas dit au revoir.

Elle fit encore un ou deux pas. Elle percevait sa masse inerte, pesante, qui ne tarderait pas à se disperser, à devenir autre chose – les tendons décomposés, les os plus légers. Elle était impatiente de faire ce qu'elle n'avait jamais osé, le prendre dans ses bras. À ce moment il leva la tête.

– Warren ! cria-t-elle.

Se tournant vers la maison :

– Warren !

Comme si les cris le dérangeaient, le chien se mit debout. Il s'éloigna d'un air las. Les mains pressées sur sa bouche, elle fixait l'endroit où il avait dormi, où l'herbe était légèrement aplatie. Toute la nuit, cette fois encore. Toute la nuit. Quand elle le chercha des yeux, il était déjà loin. Elle courut après lui. Warren la suivit du regard. Elle paraissait libre. On aurait dit une autre femme, plus jeune, comme les filles qu'on voyait en train de voler des pommes de terre pieds nus, en bikini, dans les champs poussiéreux au bord de la mer.

Elle ne le revit pas. Elle passa très souvent devant la maison, apercevant parfois la voiture de Brennan, mais jamais un signe du chien, ni le long de la route, ni dans les champs.

Un soir de la fin août, chez Cato's, elle vit Brennan, au bar. Il avait le bras en écharpe, à la suite d'un accident dont elle ne put deviner la cause. Il parlait intensément au barman, avec la même éloquence farouche, et bien que le restaurant fût plein à craquer, aucun client n'occupait les tabourets voisins. Il était seul. Le chien ne l'attendait ni dehors, ni dans sa voiture, il ne faisait plus partie de sa vie – parti, égaré, vivant ailleurs, peut-être son nom apparaîtrait-il un jour au milieu d'un vers, bien qu'il fût, en réalité, oublié, mais pas par elle.

DERNIÈRE NUIT

Dernière nuit

Walter Such était traducteur. Il aimait écrire avec un stylo à encre vert qu'il avait l'habitude de lever légèrement en l'air après chaque phrase, comme si sa main avait été un ressort. Il pouvait réciter des vers de Blok en russe et, ensuite, les dire dans la traduction allemande de Rilke, soulignant leur beauté. C'était un homme sociable et parfois ombrageux qui bégayait un peu au début, et qui avait choisi, avec son épouse, un style de vie qui leur plaisait. Mais Marit, sa femme, était malade.

Il était assis en compagnie de Susanna, une amie de la famille. Ils entendirent enfin Marit dans l'escalier, et elle arriva dans la pièce. Elle portait une robe de soie rouge dans laquelle elle avait toujours paru séduisante, avec ses seins libres et ses cheveux noirs brillants. Dans les paniers blancs métalliques de sa penderie s'empilaient, pliés avec soin, ses habits, sous-vêtements, accessoires de sport, chemises de nuit, et, jetées en vrac sur le sol, les chaussures. Des choses dont elle n'aurait plus jamais besoin. Et aussi des bijoux, des bracelets et des colliers, et un coffret en laque avec toutes ses bagues. Elle avait longuement examiné son contenu, et choisi plusieurs anneaux. Elle ne voulait pas laisser nus ses doigts, devenus osseux.

– Tu es vrai… vraiment jolie, dit son mari.

– J'ai l'impression d'aller à mon premier rendez-vous, quelque chose dans ce genre. Vous prenez un verre ?

– Oui.

– Je pense que je vais faire pareil. Avec beaucoup de glaçons.

Elle s'assit.

– Je n'ai pas d'énergie, dit-elle, c'est le plus terrible. Elle est partie. Je ne la retrouve pas. Je n'ai même pas de plaisir à me lever et à me promener.

– Ce doit être très pénible, observa Susanna.

– Tu n'en as pas idée.

Walter revint avec un verre et le tendit à sa femme.

– Eh bien, santé ! dit-elle.

Puis, comme si la mémoire lui revenait, elle leur sourit. Un sourire glaçant. Il semblait signifier exactement le contraire.

Ils s'étaient décidés pour ce soir-là. Dans l'obscurité du réfrigérateur, sur une soucoupe, reposait la seringue. Son médecin en avait fourni le contenu. Mais avant, un dîner d'adieu, si elle en avait la force. Pas en tête-à-tête, avait dit Marit. Son instinct. Ils avaient invité Susanna, plutôt qu'une personne plus proche et plus accablée par le chagrin, la sœur de Marit, par exemple, avec laquelle elle n'était pas en bons termes de toute façon, ou des amis plus anciens. Susanna était plus jeune. Elle avait un visage large, un front haut et pur. Elle avait l'air d'être la fille, un peu dévoyée, d'un professeur ou d'un banquier. Une dévergondée, avait commenté un de leurs amis, non sans une certaine admiration.

Susanna, en minijupe, était déjà un peu nerveuse. Il était difficile de prétendre qu'il s'agissait d'un dîner ordinaire. Elle aurait du mal à prendre un air dégagé en restant naturelle. Elle était arrivée avec le crépuscule. La maison aux fenêtres illuminées – toutes les pièces semblaient éclairées – se détachait des autres comme si un événement festif s'y déroulait.

Marit considéra les objets de la pièce, les photographies dans leurs cadres d'argent, les lampes, les albums sur le surréalisme, le paysagisme ou les maisons de campagne, qu'elle avait toujours eu l'intention de lire à loisir, les fauteuils, le tapis d'une belle couleur passée. Elle regardait tout cela comme si elle en prenait note, alors qu'en réalité cela n'avait aucun sens. La longue chevelure de Susanna, sa fraîcheur en avaient un, bien qu'elle ne sût dire lequel.

Elle eût aimé emporter certains souvenirs, songeait-elle, des souvenirs de sa jeunesse, avant Walter. Et sa maison, pas celle-ci, mais la demeure de l'enfance, avec son lit de petite fille, la fenêtre du palier d'où elle avait regardé les tempêtes tourbillonnantes d'hivers lointains, son père se penchant sur elle pour lui souhaiter bonne nuit, la lampe sous laquelle sa mère tendait un poignet pour tenter de fermer un bracelet.

Cette maison. Le reste était moins dense. Le reste était un long roman si semblable à votre vie ; vous le traversiez sans réfléchir, et puis un beau matin, c'était fini : il y avait des taches de sang.

– J'en ai pris beaucoup, médita Marit.

– Des verres ? demanda Susanna.

– Oui.

– Au cours des années, tu veux dire.

– Oui, au cours des années. Quelle heure est-il maintenant ?

– Huit heures moins le quart, répondit son mari.

– On y va ?

– Quand tu voudras, dit-il. Prends ton temps.

– Je ne veux pas me dépêcher.

Elle n'avait, en fait, guère le désir de sortir. C'était un pas de plus vers la fin.

– À quelle heure as-tu réservé ?
– Pas d'heure précise.
– Alors partons.

La maladie avait commencé dans l'utérus et s'était étendue jusqu'aux poumons. À la fin, elle l'avait acceptée. Au-dessus du décolleté carré de sa robe, la peau, exsangue, semblait dégager un halo d'ombre. Elle ne ressemblait plus à elle-même. Ce qu'elle avait été s'était envolé ; on l'en avait privée. Le changement était terrifiant, surtout si on regardait son visage. Le visage d'aujourd'hui était destiné à l'au-delà et à ceux qu'elle y rencontrerait. Walter avait de la peine à se souvenir de ce qu'elle avait été autrefois. C'était presque une femme différente de celle à qui il avait fait la promesse solennelle de l'aider le moment venu.

Susanna resta à l'arrière pendant le trajet. Les routes étaient désertes. Au rez-de-chaussée des maisons qu'ils dépassaient zigzaguait une lueur bleutée. Marit se taisait. Elle éprouvait de la tristesse, mais aussi une sorte de confusion. Elle essayait d'imaginer tout cela demain, quand elle ne serait plus là pour le voir. Elle n'y parvenait pas. Il était difficile d'admettre que le monde existerait toujours.

À l'hôtel, ils attendirent près du bar, qui était bruyant. Des hommes sans veste, des filles qui bavardaient ou riaient fort, des filles qui ne savaient rien.

Sur les murs, de grandes affiches françaises, des lithographies anciennes, dans des cadres ternis.

– Je ne reconnais personne, commenta Marit. Une chance, ajouta-t-elle.

Walter avait aperçu un couple bavard qu'ils connaissaient, les Apthall.

– Ne regarde pas, dit-il. Ils ne nous ont pas vus. Je vais demander une table dans l'autre salle.

– Ils nous ont repérés ? interrogea Marit comme ils s'installaient. Je n'ai aucune envie de parler à quelqu'un.

– Tout va bien, répondit-il.

Le serveur portait un tablier blanc et un nœud papillon noir. Il leur tendit le menu et une liste des vins.

– Vous désirez boire quelque chose ?

– Oui, absolument, répondit Walter.

Il étudiait la liste, dont les prix montaient dans un ordre plus ou moins progressif. Il y avait un cheval-blanc à cinq cent soixante-quinze dollars.

– Vous avez celui-ci ?

– Le cheval-blanc 1989 ? demanda le serveur.

– Apportez-nous-en une bouteille.

– C'est un vin blanc ? voulut savoir Susanna quand le garçon fut parti.

– Non, rouge, répliqua Walter.

– Tu sais, c'est très gentil de ta part de t'être jointe à nous ce soir, dit Marit à Susanna. C'est une soirée très spéciale.

– Oui.

– D'habitude, nous ne commandons pas un aussi bon vin.

Ils avaient souvent dîné ici tous les deux, d'ordinaire près du bar, avec ses rangées de bouteilles étincelantes. Jamais ils n'avaient choisi un vin de plus de trente-cinq dollars.

Comment se sentait-elle, demanda Walter pendant qu'ils attendaient. Ça allait ?

– Je ne sais pas comment exprimer ce que j'éprouve. Je prends de la morphine, expliqua Marit à Susanna. Ça fait de l'effet, mais...

Elle s'interrompit.

– Il y a tant de choses qui ne devraient pas vous arriver, dit-elle.

Le dîner fut silencieux. Il était difficile de parler avec naturel. Cependant ils finirent deux bouteilles. Walter ne pouvait s'empêcher de penser qu'il ne boirait plus jamais un vin de cette qualité. Il versa le dernier fond dans le verre de Susanna.

– Mais non, bois-le, toi, protesta-t-elle. C'est pour toi.

– Il a assez bu, dit Marit. Mais c'était bon, hein ?

– Fabuleux.

– Ça vous fait prendre conscience qu'il y a des choses... oh, je ne sais pas, différentes choses. Ce serait bien d'avoir toujours bu un vin pareil.

Elle le dit d'une manière incroyablement touchante.

Ils se sentaient tous mieux. Ils restèrent encore un moment, puis se dirigèrent vers la sortie. Le bar était encore animé.

Pendant le trajet, Marit regarda par la fenêtre. Elle était lasse. Ils rentraient à la maison à présent. Le vent agitait la cime des arbres sombres. Dans le ciel nocturne scintillaient des nuages bleus, comme en plein jour.

– Le paysage est magnifique ce soir, n'est-ce pas ? dit Marit. C'est saisissant. Je me trompe ?

– Non.

Walter se racla la gorge.

– C'est vrai.

– Tu l'as remarqué ? demanda-t-elle à Susanna. Je suis sûre que oui. Quel âge as-tu ? Je l'ai oublié.

– Vingt-neuf ans.

– Vingt-neuf ans, répéta Marit.

Elle se tut quelques minutes.

– Nous n'avons jamais eu d'enfants, dit-elle. Tu aimerais en avoir ?

– Oh, un jour, sans doute. Je n'y ai guère songé pour l'instant. C'est le genre de choses qu'on envisage sérieusement une fois qu'on est marié.

– Tu te marieras.

– Oui, peut-être.

– Tu peux te marier en deux minutes, dit Marit.

Elle était fatiguée quand ils arrivèrent à la maison. Ils s'assirent ensemble dans le séjour, comme s'ils revenaient d'une grande fête, mais n'étaient pas tout à fait prêts à se coucher. Walter songeait à ce qui l'attendait, à la lampe qui s'allumerait dans le réfrigérateur, une fois la porte ouverte. L'aiguille de la seringue était acérée, la pointe en acier inoxydable taillée en biseau, tranchante comme un rasoir. Il serait obligé de la planter dans sa veine. Il s'efforça de ne pas s'appesantir là-dessus. Il se débrouillerait. Il était de plus en plus nerveux.

– Je me souviens de ma mère, dit Marit. À la fin, elle voulait me raconter des choses, des événements qui s'étaient produits quand j'étais petite. Rae Mahin avait couché avec Teddy Hudner. Anne Herring aussi. C'étaient des femmes mariées. Teddy Hudner ne l'était pas. Il travaillait dans la publicité et jouait tout le temps au golf. Elle continuait comme ça, qui avait couché avec qui. C'était de ça qu'elle voulait me parler, pour finir. Bien sûr, à l'époque, Rae Mahin était un numéro.

Puis elle dit :

– Je pense que je vais monter.

Elle se leva.

– Ça va, assura-t-elle à son mari. Ne viens pas tout de suite. Bonne nuit, Susanna.

Quand ils se retrouvèrent seuls tous les deux, Susanna annonça :

– Je dois m'en aller.

– Non, je t'en prie. Ne pars pas. Reste ici.

Elle secoua la tête.

– Je ne peux pas, dit-elle.

– Il le faut. S'il te plaît. Je vais monter dans un moment au premier, mais quand je redescendrai, je ne supporterai pas d'être seul. Je t'en prie.

Il y eut un silence.

– Susanna…

Ils se turent un instant.

– Je sais que tu as réfléchi à tout cela, dit-elle.

– Oui, absolument.

Au bout de quelques minutes, Walter consulta sa montre, commença à dire quelque chose, puis se ravisa. Un peu plus tard, il regarda encore l'heure et quitta la pièce.

La cuisine en L à l'ancienne, faite de bric et de broc, comportait un évier en émail blanc et des placards en bois peints et repeints. L'été, ils avaient fait des conserves, avec les cageots de fraises achetés en ville, dans l'escalier qui descendait sur le quai de la gare, des fraises inoubliables, au parfum exquis. Il en restait quelques pots. Il approcha du réfrigérateur et ouvrit la porte.

Elle était là. Il vit les petits traits gravés sur le côté.

Elle contenait dix centilitres. Il essaya de penser à la manière d'interrompre le processus. S'il lâchait la seringue, s'il la brisait et expliquait que sa main avait tremblé...

Il prit la soucoupe et la recouvrit avec un torchon. C'était pire ainsi. Il la reposa et saisit la seringue, la tenant de différentes manières pour finalement la cacher à demi contre sa jambe. Il se sentait léger comme une feuille de papier, sans force.

Marit s'était préparée. Elle s'était maquillé les yeux et avait mis une chemise de nuit en satin ivoire, décolletée dans le dos. C'était la tenue qu'elle porterait dans l'au-delà. Elle s'était efforcée de croire à l'autre monde. La traversée se faisait en bateau, les Anciens en avaient la certitude. Sur ses clavicules brillaient les rangs d'un collier en argent. Elle était lasse. Le vin avait produit de l'effet, mais elle n'était pas calme.

Walter s'arrêta sur le seuil, comme s'il attendait sa permission. Elle le regarda sans rien dire. Elle vit qu'il tenait la seringue. Son cœur se mit à battre la chamade, mais elle était déterminée à n'en rien montrer.

– Eh bien, chéri, dit-elle.

Il essaya de répondre. Il vit qu'elle avait remis du rouge à lèvres ; sa bouche était foncée. Elle avait disposé certaines photographies autour d'elle sur le lit.

– Entre.

– Non, je reviens, parvint-il à articuler.

Il descendit l'escalier quatre à quatre. Il allait craquer ; il avait besoin de boire un verre. Le séjour était vide. Susanna était partie. Il ne s'était jamais senti aussi totalement seul. Il alla dans la cuisine et versa de la vodka inodore et transparente dans un verre qu'il but d'un trait. Il remonta lentement les marches et s'assit sur le lit, près de sa femme. L'alcool l'enivrait. Il avait l'impression d'être un autre.

– Walter, dit-elle.

– Oui ?

– C'est la bonne décision.

Elle lui prit la main. Cela l'effraya un peu, comme si elle avait voulu l'entraîner avec elle.

– Tu sais, reprit-elle d'un ton égal, je t'ai aimé plus que n'importe qui au monde… Je sais que ça fait mélo…

– Ah, Marit ! s'écria-t-il.

– Tu m'as aimée ?

Son estomac se tordait de désespoir.

– Oui, affirma-t-il. Oui !

– Prends soin de toi.

– Oui.

En réalité, il était en bonne santé, un peu plus corpulent qu'il n'aurait dû, mais enfin… Sa bedaine rondelette d'intellectuel était tapissée de poils noirs et soyeux, ses mains et ses ongles bien entretenus.

Elle se pencha pour l'étreindre, et l'embrassa. Un moment, elle oublia sa peur. Elle vivrait à nouveau, elle redeviendrait jeune comme autrefois. Elle tendit son bras. À l'intérieur, deux veines couleur vert-de-gris étaient visibles. Il appuya pour les faire saillir. Elle détournait la tête.

– Tu te souviens, lui dit-elle, quand je travaillais chez Bates et que nous nous sommes rencontrés cette première fois ? J'ai su tout de suite.

L'aiguille vacillait comme il essayait de la positionner.

– J'ai eu de la chance, continuait-elle. J'ai eu beaucoup de chance.

Il respirait à peine. Il attendit, mais elle ne dit plus rien. Avec une sensation irréelle, il fit pénétrer l'aiguille – sans effort – et injecta lentement le contenu intégral. Il l'entendit soupirer. Les yeux fermés, elle se remit sur le dos. Son visage était paisible. Elle avait embarqué. Mon Dieu, pensa-t-il, mon Dieu. Il l'avait connue innocente, quand elle avait une vingtaine d'années et de longues jambes. Maintenant il l'avait plongée dans le flot de l'éternité, comme pour des funérailles en mer. Sa main était encore chaude. Il la prit et la porta à ses lèvres. Il tira le dessus-de-lit pour couvrir ses jambes. La maison était incroyablement calme. Elle avait sombré dans le silence. Le silence d'un acte fatal. Il n'entendait plus le vent.

Il descendit lentement au rez-de-chaussée. Une sensation de soulagement l'envahit, un immense soulagement, mêlé de tristesse. Dehors, les nuages bleus gigantesques emplissaient la nuit. Il resta debout quelques minutes et vit alors Susanna, assise dans sa voiture, immobile. Quand il s'approcha, elle baissa sa vitre.

– Tu n'es pas partie.

– Je ne pouvais pas rester à l'intérieur.

– C'est fini, dit-il. Entre. Je vais boire un verre.

Elle resta dans la cuisine avec lui, les bras croisés, agrippant ses coudes.

– Ça n'a pas été si terrible, commença-t-il. C'est juste que je me sens... Je ne sais pas.

Ils burent debout, au milieu de la pièce.

– Elle voulait vraiment que je vienne ? demanda Susanna.

– Chérie, c'est elle qui l'a suggéré. Elle ne savait absolument rien.

– Je n'en suis pas si sûre.

– Crois-moi. Rien du tout.

Elle posa son verre.

– Non, bois, dit-il. Ça t'aidera.

– Je me sens bizarre.

– Bizarre ? Tu n'as pas mal au cœur ?

– Je ne sais pas.

– Ne sois pas malade. Viens avec moi. Attends, je vais t'apporter de l'eau.

Elle s'efforçait de respirer lentement.

– Tu ferais mieux de t'allonger un peu, dit-il.

– Non, ça va.

– Viens.

Il la conduisit dans une pièce située à côté de la porte d'entrée et la fit asseoir sur le lit, vêtue de sa minijupe et de son chemisier. Elle inspirait à intervalles réguliers.

– Susanna...

– Oui ?

– J'ai besoin de toi.

Elle l'entendit vaguement. Elle avait la tête rejetée en arrière, comme une femme invoquant Dieu.

– Je n'aurais pas dû boire autant, murmura-t-elle.

Il commença à déboutonner son chemisier.

– Non, dit-elle, essayant de le rajuster.

Il dégrafait son soutien-gorge. Ses magnifiques seins s'épanouirent. Il ne pouvait plus les quitter des yeux. Il les embrassa passionnément. Elle se sentit portée sur le côté quand il rabattit le dessus-de-lit sur les draps blancs. Elle voulut parler, mais il posa la main sur sa bouche et la renversa sous lui. Il la dévora, frissonnant à la fin, comme sous l'effet de la peur, cramponné à son corps. Ils s'enfoncèrent dans un profond sommeil.

À la petite aube, le jour était transparent et intensément lumineux. La maison paraissait plus blanche encore, comme si elle se trouvait sur son parcours. Elle se détachait de ses voisines, plus pure et sereine. L'ombre d'un grand orme, sur le côté, s'y projetait en filigrane, tel un trait à la plume. Aux fenêtres, les pâles rideaux, immobiles. À l'intérieur, rien ne bougeait. Derrière, la large pelouse que Susanna avait traversée d'un pas nonchalant, lors d'une visite de jardins, le jour où il l'avait vue la première fois, gracieuse, élancée. Il n'avait pu effacer cette vision, bien que leur liaison eût commencé plus tard, quand elle était venue refaire les plates-bandes avec Marit.

Ils s'assirent à la table pour boire un café. Ils étaient complices, levés depuis peu, et ne s'observaient pas de trop près. Pourtant Walter l'admirait. Sans maquillage, elle était encore plus attirante. Ses longs cheveux n'étaient pas coiffés. Elle paraissait très accessible. Il y aurait des coups de téléphone à passer, mais il ne pensait pas à cela. Il était encore trop tôt. Il songeait à après. Aux matins à venir. Au début il entendit à peine le bruit derrière lui. Il y eut un pas, puis, lentement, un autre – Susanna blêmit –, et Marit apparut, chancelante, au bas de l'escalier. Son maquillage était desséché, son rouge à lèvres craquelé par endroits. Il la fixa, incrédule.

– Ça n'a pas marché, dit-elle.

– Tu te sens bien ? demanda-t-il stupidement.

– Non, tu as dû commettre une erreur.

– Mon Dieu, murmura Walter.

Elle s'assit faiblement sur la dernière marche. Elle ne parut pas remarquer Susanna.

– Je croyais que tu allais m'aider, dit-elle, et elle se mit à pleurer.

– Je n'y comprends rien, répondit-il.

– Tout est raté, répétait Marit.

Puis, à Susanna :

– Tu es encore là ?

– Je partais, répondit la jeune femme.

– Je ne comprends pas, dit à nouveau Walter.

– Je dois tout recommencer, sanglotait Marit.

– Je suis désolé, articula-t-il. Je suis vraiment désolé.

Il ne trouvait rien d'autre à dire. Susanna était partie chercher ses vêtements. Elle s'en alla par la porte de devant.

Ainsi en vinrent-ils à se séparer, lorsque la femme de Walter les surprit. Susanna accepta de le revoir deux ou trois fois, sur son insistance, mais sans résultat. Le mystère qui unit les êtres s'était dissipé. Elle lui dit qu'elle n'y pouvait rien. C'était comme ça, et c'est tout.

LE DON

Le don

Le matin – c'était l'anniversaire de ma femme, ses trente et un ans – nous avions dormi un peu tard, et, de la fenêtre, je regardais Des en robe de chambre, ses cheveux pâles décoiffés, une baguette de bambou à la main. Il se tournait de côté et parfois, avec un moulinet du bras, portait un coup en avant. Billy, qui avait alors six ans, sautillait autour de lui. J'entendais ses cris de joie. Anna s'approcha de moi.

– Qu'est-ce qu'ils font maintenant ?

– Je ne sais pas. Billy agite quelque chose au-dessus de sa tête.

– Je pense que c'est une tapette à mouches, dit-elle.

Elle avait juste trente et un ans, l'âge où les femmes renoncent aux idées folles, mais ne sont pas encore endurcies.

– Regarde-le, continua-t-elle. Tu ne le trouves pas délicieux ?

Cet été-là, l'herbe était marron, et ils dansaient sur la pelouse. Je remarquai que Des était pieds nus. Il était tôt pour lui. Il dormait souvent jusqu'à midi, et parvenait avec grâce à se couler dans le rythme de la maison. Il avait ce talent de vivre comme il l'entendait, presque sans souci, et de passer outre aux obstacles, sûr d'atteindre le but désiré d'une manière ou d'une autre ; il avait été interné à plusieurs reprises, une fois pour s'être promené tout nu dans Moore Street. Aucun des psychiatres n'avait la moindre idée de qui il était. Aucun n'avait jamais lu un putain de livre, disait-il. Certains patients, si.

Bien sûr, c'était un poète. Intelligent, dégingandé, il *ressemblait* même à un poète. Il avait obtenu le prix Yale à vingt-cinq ans, et fait carrière. Quand on l'imaginait, c'était vêtu d'une veste grise à chevrons, en pantalon kaki, et, pour une raison inconnue, chaussé de sandales. Ça ne va pas ensemble, mais chez lui, beaucoup de choses étaient comme ça. Né à Galveston, étudiant boursier, il avait suivi des cours d'histoire militaire, et s'était même marié à l'époque, bien qu'il n'eût jamais clairement expliqué ce que cette femme était devenue. Sa vraie vie avait commencé après, et il l'avait toujours vécue depuis, enseignant parfois dans de petites universités, voyageant en Grèce et au Maroc, où il avait séjourné quelque temps, en proie à une dépression, sans cesser d'écrire le poème qui l'avait rendu célèbre. J'en lus un bon tiers, debout dans une librairie du Village. Je me souviens de cet après-midi, nuageux et feutré, et je me souviens aussi, avec la sensation de me quitter moi-même, de la personne que j'étais alors, de mon approche ordinaire des choses, de ma perception – il n'y a pas d'autre mot – de la profondeur de la vie, et surtout, de la vibration des vers successifs. Le poème était une aria, saccadée, ininterrompue. C'était son ton qui le rendait unique – ses mots jaillissant des ténèbres. *Voici le delta, voici les bras brûlants...*, commençait-il, et immédiatement, je sentis qu'il ne parlait pas du déploiement d'un fleuve, mais du désir. Il se révélait très lentement, comme une sorte de rêve, *la lumière voltigeant sur les feuilles*, avec des noms et des mots, Naples, les bancs usés, Louxor et les rois, Salonique, les petites vagues s'échouant sur les galets. Il y avait des répétitions, et même des refrains. Des vers en apparence déconnectés s'inscrivent peu à peu dans une confession ancrée à l'intérieur de chambres où, sous l'écrasante chaleur d'août, a eu lieu un événement, clairement sexuel, mais qui évoque aussi les rues désertes du Texas rural, les routes, les amis oubliés, le claquement des mains sur la bretelle des fusils, et les fanions fourchus qui pendent mollement dans les défilés. Il y a des capotes, des voitures décolorées par le soleil, des menus tachés avec des fautes d'orthographe, une sorte de bûcher funéraire sur lequel il avait déposé sa vie. C'était pourquoi il semblait si pur – il avait tout donné. Tout le monde ment sur sa vie, mais lui n'avait pas menti sur la sienne. Il en avait fait une noble lamentation, pénétrée de ce don que vous avez reçu, et garderez toujours, mais qui reste inatteignable. *Erechtheus se dressa alors, les membres et les jambières polis... Viens, Hellas, j'ai hâte de te sentir contre moi.*

Je l'avais rencontré à une soirée, et j'avais seulement réussi à dire : « J'ai lu votre beau poème. » Contre toute attente, il s'était montré ouvert, d'une manière qui m'avait impressionné, et direct, sans la moindre hésitation. Il avait mentionné le titre d'un ou deux livres, et fait référence à certaines choses que je savais à coup sûr, supposait-il, il était spirituel, il y avait cela, mais ce n'était pas tout, son discours m'invitait à être joyeux, à parler le langage des dieux – j'utilise le pluriel parce qu'il est difficile de l'imaginer soumis à un dieu unique. Fort curieusement, il s'avéra que nous bavardions toujours de sujets que nous connaissions tous les deux, bien qu'il en sût plus long que moi. Lafcadio Hearn, oui, bien sûr, il savait qui c'était, et même le nom de la veuve japonaise qu'il avait épousée, dans quelle ville ils habitaient, bien qu'il ne fût lui-même jamais allé au Japon. Arletty, Nestor Almendros, Jacques Brel, les histoires de Lawrenceville, le cordon sanitaire, tout, y compris le jazz, son vrai centre d'intérêt, qui ne suscita guère de réaction chez moi, l'émission de radio *The Answer Man*, Billy Cannon, les Dardanelles, Stendhal sur l'amour, c'était comme si nous avions assisté aux mêmes cours et visité les mêmes villes. Et il y avait Billy, qui lançait des coups de tapette dans ses jambes.

Billy l'adorait, c'était presque un copain. Il avait un rire communicatif, et était toujours prêt à jouer. Pendant les périodes qu'il passait chez nous, il fabriquait des bateaux avec des coussins de canapé, des épées et des boucliers avec tout ce qu'il trouvait dans le garage. Quand il avait sa propre voiture, dont le moteur calait fréquemment, il prétendait qu'il fallait allumer et éteindre la radio pour le réparer, car les circuits avaient été mal branchés. Billy était chargé de s'en occuper.

– Oh, oh, disait Des, ça recommence. Radio !

Et Billy, avec un immense plaisir, allumait la radio, puis l'éteignait, encore et encore. Comment expliquer pourquoi ce système était efficace ? C'était le pouvoir du poète, ou peut-être même un tour de magie.

Le jour de l'anniversaire d'Anna, on livra vers midi une gigantesque composition florale, des lis et des roses jaunes. Elle venait de lui. Ce soir-là, nous allâmes dîner avec des amis au Red Bar, toujours bruyant, mais la table était dans la petite salle derrière le bar. Je n'avais pas commandé de gâteau pour l'occasion parce que, à notre retour à la maison, nous mangerions un baba au rhum, son dessert préféré.

Billy s'assit sur ses genoux tandis qu'elle enfilait soigneusement ses bagues, l'une après l'autre, sur différentes bougies : une bague par vœu.

– Tu m'aideras à les souffler ? demanda-t-elle à Billy, le visage près de ses cheveux.

– Y en a trop, dit-il.

– Oh, tu sais trouver le mot juste pour blesser une femme.

– Vas-y, lui proposa Des. Si tu manques de souffle, je l'attraperai et je te le renverrai.

– Comment tu fais ?

– Je sais faire. Tu n'as jamais vu quelqu'un attraper un souffle ?

– Elles se consument, intervint Anna. Allons, un, deux, trois !

Ils les éteignirent ensemble. Billy voulut savoir quels vœux elle avait formulés, mais elle refusa de lui répondre.

Nous mangeâmes le gâteau, juste nous quatre, et je lui offris un cadeau qui lui plairait, j'en étais sûr. C'était un bracelet-montre, très fin et carré avec des chiffres romains et une petite pierre bleue, une tourmaline, je crois, incrustée dans le remontoir. Peu de choses sont plus belles qu'une montre toute neuve dans son écrin.

– Oh, Ted ! s'exclama-t-elle. C'est magnifique !

Elle la montra à Billy, puis à Des.

– Où l'as-tu trouvée ?

Puis, regardant de plus près :

– Cartier, dit-elle.

– Oui.

– Je l'*adore.*

Beatrice Hage, une femme que nous connaissions, en avait une semblable, qu'elle avait héritée de sa mère. L'objet possédait une élégance qui défiait les années, et les exigences de la mode.

C'était facile de choisir des cadeaux qui lui plairaient. Nous avions les mêmes goûts. Il en avait été ainsi depuis le début. Autrement, ce serait impossible de vivre avec quelqu'un. J'ai toujours pensé que c'était la qualité la plus importante, bien que peu de gens s'en rendent compte. Peut-être leur est-elle révélée par la façon de s'habiller, ou plutôt, de se déshabiller, mais le goût n'est inné chez personne, il s'acquiert, et à un certain point, on ne peut plus l'altérer. Nous parlions parfois de cette question, de ce qui pouvait ou non être altéré. Les gens disaient toujours que quelque chose les avait complètement changés, une expérience, un livre, ou un homme, mais si on les avait connus avant, en réalité, ils n'étaient pas très différents. Quand on rencontrait une personne qui était très séduisante, mais pas tout à fait parfaite, on croyait parvenir à la changer après le mariage, pas entièrement, juste quelques broutilles, mais au mieux, on pouvait espérer modifier un détail, peut-être, et cela même finirait par redevenir comme avant.

Ces petits riens qu'on ignore au début, mais qui à la longue vous exaspèrent, nous avions une manière de les gérer, de retirer le caillou de la chaussure, si l'on veut. Cela s'appelait un don, et représentait, d'un commun accord, un engagement durable. Ainsi, vous étiez prié de renoncer à l'expression qui revenait sans arrêt, à une habitude alimentaire, et même à votre vêtement préféré. Vous ne pouviez formuler une *demande* que pour mettre fin à quelque chose. En vertu d'un don, les faïences au-dessus du lavabo de la salle de bains étaient toujours essuyées avec soin. Anna ne levait plus le petit doigt en l'air quand elle buvait dans une tasse. Parfois on avait plus d'une requête à formuler, et le choix était difficile, mais on avait la satisfaction de se dire qu'une fois par an, sans inspirer de ressentiment, on pourrait prier son mari, ou sa femme, de cesser cette chose particulière.

Des était en bas quand nous avons couché Billy.

Je me trouvais dans le couloir quand Anna est sortie, le doigt sur les lèvres, après avoir éteint la lumière.

– Il dort ?

– Oui.

– Eh bien, bon anniversaire, ai-je dit.

– Oui.

Elle avait prononcé ce mot avec une intonation étrange. Immobile, avec son long cou et ses cheveux blonds.

– Qu'y a-t-il, chérie ?

Elle se tut un moment. Puis elle dit :

– Je veux un don.

– Très bien, ai-je répondu.

Je ne sais pas pourquoi, je sentis un picotement nerveux.

– Que veux-tu ?

– Je veux que tu arrêtes avec Des, répondit-elle.

– Que j'arrête ? Que j'arrête quoi ?

Mon cœur faisait des bonds.

– De coucher avec lui.

Je savais qu'elle allait le dire. J'avais espéré autre chose, et les mots ressemblaient à un rideau qui s'effondre, ou au fracas d'une assiette sur le sol.

– Je ne sais pas de quoi tu parles.

Son visage resta inflexible.

– Tu le sais très bien. Tu sais exactement de quoi je parle.

– Chérie, tu te trompes. Il ne se passe rien avec Des. C'est un ami. Mon ami le plus proche.

Les larmes ruisselaient sur son visage.

– Ne pleure pas. S'il te plaît. Ne pleure pas. Tu te trompes.

– Je ne peux pas m'en empêcher, dit-elle, la voix tremblante. N'importe qui pleurerait à ma place. Tu dois le faire. Tu dois arrêter. Nous nous le sommes promis.

– Mon Dieu, tu imagines tout cela.

– Je t'en prie, arrête. Je t'en prie, je t'en prie, arrête. Elle s'essuyait les joues comme pour se rendre à nouveau présentable.

– Tu dois respecter notre promesse, dit-elle. Tu me le dois.

Il y a des choses qu'on ne peut donner, sous peine d'avoir le cœur brisé. Elle me demandait la moitié de l'existence, lui dans mes bras, en ma possession, étourdi par mon amour, sa docilité, son lent sourire, dans le bonheur. Aucun autre triomphe ne s'en approchait. Dans la Douzième Rue, il y avait un appartement dont nous avions la disposition, avec un jardin derrière, les accords éblouissants de *Petrouchka* – le disque se trouvait là et nous le passions souvent –, des accords qui, aussi longtemps que je vivrais, m'évoqueraient ça.

– Je ne fais rien avec Des, dis-je. Je te le jure.

– Tu me jures.

– Oui.

– Et je suis censée te croire.

– Je te le jure.

Elle détourna le regard.

– Très bien, répondit-elle enfin.

Une grande joie m'envahit. Puis elle ajouta :

– Très bien. Mais il doit partir. Pour de bon. Si tu veux que je te croie, c'est le prix à payer.

– Anna…

– Non, c'est la preuve.

– Comment puis-je lui dire de s'en aller ? Pour quelle raison ?

– Invente quelque chose. Ça m'est égal.

Le matin, il s'était levé tard et se trouvait dans la cuisine, encore imprégné de la douceur du sommeil. Anna était partie. Mes mains tremblaient.

– Bonjour, a-t-il dit avec un sourire.

– Bonjour.

Je ne pouvais me résoudre à parler. J'ai seulement pu articuler :

– Des…

– Oui ?

– Je ne sais pas quoi dire. C'est fini.

Il n'a pas compris.

– Qu'est-ce qui est fini ?
– Tout. J'ai l'impression d'être brisé de l'intérieur.
– Ah, a-t-il prononcé d'une voix calme, je vois. Je crois que je vois. Que s'est-il passé ?
– Simplement, tu ne peux pas rester.
– Anna.
– Oui.
– Elle a compris.
– Oui. Je ne sais pas quoi faire.
– Je pourrais lui parler, tu ne penses pas ?
– Ça n'arrangerait rien.
– Je me suis toujours bien entendu avec elle. Laisse-moi lui parler.
– Elle ne veut pas. Je mentais.
– C'est arrivé quand ?
– Hier soir. Ne me demande pas comment c'est venu sur le tapis. Je l'ignore.

Il a soupiré. Je n'entendais que les battements de mon propre cœur. Plus tard le même jour, il est parti.

Longtemps, j'ai ressenti l'injustice. Il n'avait apporté que du plaisir, et si j'en avais eu ma part, cela ne diminuait pas pour autant la joie qu'il nous avait donnée à tous. Je possédais certaines photographies que je gardais dans un endroit spécial, et bien sûr, j'avais les poèmes. Je le suivais de loin, comme une femme suit un homme qu'elle n'a pas pu épouser. L'eau bleue scintilla dans son sillage quand il s'éloigna entre les îles. Je me souvenais de tant d'instants, et de tant de phrases que nous avions dites.

TABLE

Réalisation : Pao Éditions du Seuil
Achevé d'imprimer par Corlet imprimeur s.a.
14110 Condé-sur Noireau
dépôt légal : avril 2004. n° 432
n° d'imprimeur : 77025. imprimé en france